„Du hast mich aufgefangen, als ich am Fallen war.

Doch du hast mich zerbrochen, als ich gerade dabei war, weiterzukämpfen."

Vorwort

Kennst du das?
Dieses kribbelnde Gefühl im Bauch, wenn du diese eine Person
siehst.
Diese voll ausgeführten Gedanken über diese Person.
Du bekommst diese Person gar nicht mehr aus deinem Kopf,
nicht mehr aus den Gedanken und nicht mehr weg von deinen
Gefühlen.
Plötzlich verändert sich alles!
Die Umstände werden anders.
Wenn du diesem Menschen begegnest, fühlst du dich
hingezogen zu ihm. Du fühlst dich wohl. Wohl bei einer
Person, die keine Ahnung von dem allen hat.
Du fühlst dich wertgeschätzt und ebenso schätzt du diese
Person sehr.
Du bist verliebt.
Verliebt in eine Person, die es nicht weiß und du nicht weißt,
ob sie es jemals erfahren wird. Denn du hast Angst. Viel zu viel
Angst vor der Zukunft.
Die Zukunft, in der du erfahren wirst, wie dein Leben
weitergeht.
Dein Leben wird beeinflusst, durch eine einzige Person.
Eine Person, in die du viel zu stark verliebt bist.

„Ich habe mich in dich verliebt. Viel zu sehr.
So sehr, dass ich nicht aufhören kann.
Ich kann nicht aufhören, an dich zu denken.
So sehr, dass meine Gefühle sich ganz auf dich fokussieren.
So sehr, dass ich beeinflusst werde.
So sehr, dass ich nicht mehr aufhören kann, dich zu lieben.

Und ich habe eine scheiß Angst dich zu verlieren…
Ich bin einfach viel zu sehr in dich verliebt."

Du denkst auch so, habe ich Recht? Du fühlst dich auch so, stimmt's?
Ich schreibe dieses Buch für dich, weil ich weiß, es wird dir guttun, wenn du deine Gedanken verstehen wirst. Wenn du deinen Gedanken Klarheit geben kannst.

Pass für mich auf deine Gedanken auf! Ich möchte nicht, dass du leidest und deshalb lass dir Zeit beim Lesen.

Du findest auf der nächsten Seite eine Warnung, was dieses Buch mit dir machen könnte, wenn du dich entscheidest in diese Gedankenwelt einzutauchen. Lies diese bitte aufmerksam.

Pass auf dich auf…
Dieses Buch könnte deine Gedanken zerfleischen!

In Liebe

Deine Kimi

Warnung

Bist du bereit, die völlige Kontrolle über deine Gedanken für einige Augenblicke abzugeben?
Ich werde dir helfen, dass du deine Gedanken wieder sortieren kannst.
Ich werde dafür sorgen, dass du wieder klar denken kannst.
Aber du musst aufpassen.
Du wirst jetzt in eine Welt eintauchen, in der du gefesselt wirst.
Gefesselt von deinen eigenen Gedanken.

Ich werde dir nun ein paar Themen nennen, die dir beim Lesen begegnen werden:
Du wirst Tränen verlieren.
Du wirst Selbstmordgedanken äußern.
Deine Fantasie hat freien Lauf und wird eine Gefahr für dich.
Du wirst dir selbst die Schuld geben und dir Vorwürfe machen.
Du wirst dich einer anderen Person zuwenden. Diese Person beeinflusst dich und dein Denken.
Auch diese Person wirst du kritisieren. Du wirst sie beschuldigen. Du wirst sie hassen. Du verspürst Hass. Hass wegen der unerträglichen Liebe.

Bist du bereit?

Ich wünsche ich dir viel Spaß beim Lesen – hoffentlich ohne, dass es dir eine Fleischwunde in den Gedanken hinterlässt.

Ich liebe so sehr.
So sehr, dass ich nicht mehr weiß, was in mir vorgeht.
Die Liebe bedeutet für mich alles. Alles für dich.
Meine ganze Liebe für dich.
Meine ganze Liebe, die immer schwerer wird.
Ich möchte nicht mehr lieben, doch gleichzeitig wünsche ich
mir unendliche Liebe zu bekommen. Unendliche Liebe von dir.
Nur von dir.
Aber ich habe Bedenken. Bedenken, ob du mich überhaupt
siehst.
Siehst du meine Liebe für dich?
Ich merke <u>nicht,</u> wie verloren das alles ist.

Stecke ich hier in einer *verlorenen Liebe?*

V ersteckt

E rwartung

R ufen

L ügen

O hne

R aub

E iner

N acht

E nttäuschungen

L oslassen

I nnerlich

E hrlichkeit?

B leiben

E nde

Versteckt

Verlorene Liebe…
Eine Liebe, bei der man sich versteckt. Bei der man alles, was
mit dieser Liebe verbunden ist, versteckt.
Ich verstecke meine Gefühle gegenüber dir.
Ich verstecke meine Gedanken zu dir.
Ich verstecke meine Art, wie ich gerne zu dir wäre, wenn ich
bei dir bin.
Ich verstecke die Worte, die fast aus meinem Mund platzen,
wenn ich mit dir rede.
Ich verstecke mein wahres Ich gegenüber dir.
Ich kann nicht mehr ich selbst sein, wenn ich bei dir bin.

Ich verstecke meine Liebe zu dir.

Erwartung

Ich erwarte, dass du mich gut behandelst.
Ich erwarte, dass du mir Aufmerksamkeit schenkst.
Ich erwarte, dass du mir zuhörst.
Ich erwarte, dass du zu mir ehrlich bist.
Ich erwarte, dass du immer mit mir sprichst.
Ich erwarte, dass du mir dein wahres Ich zeigst.
Ich erwarte, dass du dich mir öffnest.
Ich erwarte, dass du mich siehst.
Dass du mich siehst, so wie ich dich sehe…
Ich erwarte, dass du meine Liebe zu dir siehst
und dass du mich genauso liebst.
Ich erwarte Liebe von dir.

Ich erwarte viel zu viel von dir...

R ufen

Meine Gedanken rufen nach dir.
Meine Gefühle rufen nach dir.
Meine Träume rufen nach dir.
Mein Kopf ruft nach dir.
Ich rufe nach dir.
Hörst du meine Schreie denn nicht?
Sie sind so laut, dass ich mir jedes Mal die Ohren zuhalten
möchte.
Ich bin die Einzige, die diese Schreie hört. Diese Schreie nach
dir.
Ich muss mich zusammenreißen, ansonsten wird die ganze
Welt meine Schreie hören… dabei sollst doch nur du sie hören.
Nur du sollst hören, dass ich nach dir rufe.

Wann hörst du mich endlich rufen? Wie laut soll ich
noch schreien?

L ügen

Diese Liebe bringt so viele Lügen mit sich.
Ich lüge mich selbst an.
Ich lüge meine Mitmenschen an.
Ich lüge meine Gedanken an. Ich versuche meine Gedanken so umzugestalten, dass ich nicht nur an dich denken muss. *Funktioniert nur leider nicht.*
Ich lüge meine Gefühle an. Ich versuche meine Gefühle zu unterdrücken. *Scheitert leider auch immer und immer wieder.*
Ich lüge dich an.
Ich lüge, indem ich dir nicht zeige, wie viel du mir wirklich bedeutest.
Ich lüge, indem ich dir nicht sage, dass ich dich liebe.
Ich lüge, weil ich nicht klar mit dir kommunizieren kann.
Aber weißt du, warum ich dich anlüge? *Ich weiß es eigentlich selbst nicht so genau.*
Ich habe einfach Angst, dich durch einen Fehler zu verlieren.
Durch den Fehler, dir die Wahrheit zu sagen. *Dabei weiß ich gar nicht, ob das überhaupt ein Fehler ist, denn ich habe keine Ahnung, wie du fühlst...*

O hne

Ohne dich?
Ohne dich sein? *Kann ich nicht.*
Ohne an dich zu denken? *Möchte ich gar nicht drüber nachdenken.*

Ich kann nicht mehr ohne dich!

Und dabei sind wir doch gerade dabei uns zu verlieren, oder?
Indem ich dir nicht sage, was ich fühle.
Indem ich mich und dich nur immer weiter anlüge.
Ich möchte dich nicht mehr gehen lassen, denn ich möchte nie mehr ohne dich leben.
Ich möchte mit dir sein! Mein Leben lang. Für die Ewigkeit mit dir. *Möchtest du das denn nicht auch?*

R aub

Du raubst mir meine Gedanken.
Du raubst mir meine Gefühle.
Du raubst mir meine Worte, wenn ich mit dir rede.
Du raubst mir meinen Atem, wenn ich in deiner Nähe bin.
Du raubst mir meine Nerven.
Du raubst mir meine Kraft, während ich um dich kämpfe.
Du raubst mir meinen Alltag, denn seitdem ich dich kenne, hat
sich mein ganzes Leben verändert.
Du raubst mir alles, denn ich bin so abhängig von dir, dass ich
mich selbst völlig vergesse.

Ich gebe dir die Schuld, dabei bin ganz allein ich daran schuld.
Ich bin schuld für die Gefühle, die ich dir nicht offenbare.
Ich bin schuld für die Gedanken, die ich mir mache.
Ich bin schuld für die Liebe zu dir, die ich dir nicht zeige. Ich
kann sie dir nicht zeigen. Ich fürchte mich vor deiner Reaktion.

Ganz allein ich raube mir alles, was ich habe.

Einer

Verlorene Liebe…
Meist gibt es nur eine Person, die bei dieser Liebe leidet.
Eine Person ist diejenige, die das ganze Leid spürt.
Leid von den Schmerzen.
Die Schmerzen vor der Liebe. Vor der Sehnsucht nach der
anderen Person.

Ich bin die Person, die hier leidet.
Ich leide. Völlig allein.
Ich vergesse mich selbst,
…weil ich so unter der Sehnsucht nach dir leide.
…weil ich so unter meinen Gedanken leide.
…weil ich so unter meinen Gefühlen leide.
…weil ich so unter den Schmerzen in meinem Herzen leide.

…weil ich so sehr unter meiner Liebe zu dir leide…

N acht

Die Nacht. Alles wird ruhig. Alles wird finster. Es ist dunkel und still.
Doch meine Gedanken fangen jetzt erst an hell zu werden und zu schreien.
Sie schreien so laut, dass ich von der Ruhe nichts mehr mitbekomme.
Ich liege in meinem Bett und merke, wie sich meine Augen mit brennendem Wasser füllen, welches leicht über meine Wange fließt.
Mein Körper fängt vor Kälte an zu zittern, obwohl es unter meiner Bettdecke viel zu warm ist.
Ich liege hier, hellwach. Hellwach wegen meinen Gedanken, die dich nicht loslassen können. Meine Gedanken sind so stark abhängig von dir und sie zerstören mich!
Sie zerstören mich, weil ich an nichts anderes mehr denken kann. Meine Gedanken sind unklar und viel zu durcheinander.
Und das schmerzt nachts am meisten. In der Zeit, in der mein Körper eigentlich zur Ruhe kommen sollte…

Du hältst meinen Körper wach! Für immer…

Enttäuschungen

Man wird im Leben meist öfter enttäuscht, als überrascht. Ich zumindest durfte schon öfter das Gefühl von Enttäuschung spüren, als eine Überraschung zu bekommen.
Ich werde enttäuscht von dir.
Du enttäuschst mich.
Ich täusche mich in dir.
Du täuschst mich.
Meine Erwartungen an dich werden fallen gelassen.
Meine Wünsche mit dir sind plötzlich verschwunden.
Meine Hoffnungen auf eine Zukunft mit dir haben sich in Luft aufgelöst.
Die Enttäuschungen schmerzen und lassen mich in eine leere Zukunft blicken. In eine Zukunft, in der es kein *Wir* geben wird… In eine Zukunft, bei der ich nicht mal weiß, ob es noch ein *Ich* gibt… und das alles, weil ich immer wieder enttäuscht werde…

L oslassen

Ich sollte loslassen. Loslassen von dir. *Aber kann ich das?*
Von einem Menschen loslassen, der mir alles bedeutet. Bei dem
ich mich sicher fühle.
Ich brauche dich nur anschauen und weiß „Du bist die Person,
mit der ich mein Leben verbringen möchte".
Ich brauche nur deine Stimme in meinem Ohr hören und weiß,
dass du da bist und mich beschützt.
Ich brauche nur deinen Geruch und fühle mich wohl.
Ich brauche nur deine Berührung und bin zu einhundert
Prozent glücklich.
Ich brauche nur eine Bestätigung von dir, ob du das alles
genauso siehst…
Aber du machst keinerlei Anzeichen einer solchen Bestätigung.
Ich darf nicht das Gefühl erleben, dass du mir zeigst, du liebst
mich.
Ich zeige es dir auch nicht offensichtlich, aber ich zeige es so
auffällig, dass du es längst hättest merken müssen…
Ich weiß nicht, was das in der Zukunft werden soll. Wie die
Zukunft werden soll, wenn nur ich so denke. Wenn nur ich mir
die Zukunft so vorstelle.
Und das zerstört mich. Das Gefühl, zu wissen, ich bin die
einzige Person, die eine gemeinsame Zukunft möchte.
Ich weiß, loslassen wäre in solch einer Situation das Beste.
Aber es ist eben auch das Schwerste.
Und ich schaffe es nicht; eine Person, die mir alles bedeutet,
einfach so loszulassen.
Ich kann dich nicht loslassen. Niemals.
Du bedeutest mir die Welt!

Innerlich

Mein Herz schmerzt. Meine Lunge brennt. Mein Kopf schreit und mein Atem wird immer stärker.
Ich bin so stark von dir beeinflusst, dass es nur noch schmerzt.
Egal bei welchen Gedanken. Es ist diese Ungewissheit. Die Ungewissheit, weil ich nicht weiß, was du denkst. Weil du es mir nicht zeigst.
Du lässt mich allein. Allein mit den ganzen Millionen Gedanken an dich.
Es tut so weh. Innerlich. Innerlich bin ich zerstört. Zerstört wegen dir.
Du zerstörst mich, weil ich nur noch an dich denken muss.
Du zerstörst mich, weil ich nichts mehr spüre, außer die Gefühle, die ich dir gegenüber verspüre.
Aber es schmerzt vor Angst. Angst, diese Gedanken und Gefühle eines Tages vergessen zu müssen, weil du nicht mehr da bist...
Deswegen bleib bitte einfach für immer, ja?
Alles andere kann ich mit meinem Innerlichen Ich nicht vereinbaren. Es würde mich innerlich auffressen.

Ehrlichkeit?

Ich bin nicht ehrlich zu dir.
Aber noch weniger ehrlich bin ich zu mir selbst.
Ich sage dir nicht, was ich von dir möchte. *Aber dabei ist Kommunikation doch das Wichtigste in einer Beziehung zueinander, oder?*
Ich erwarte von dir, dass du mir etwas gibst, was du gar nicht wissen kannst, weil ich es dir nicht deutlich genug mache.
Aber ich erwarte auch von mir so viel, was ich selbst nicht entziffern kann. Ich bin mir nicht sicher, was ich als Nächstes machen soll. Welche meine nächste Reaktion wird, wenn wir uns sehen. Wie meine Gefühle reagieren, wenn wir uns das nächste Mal berühren.
Und das nur, weil ich nicht ehrlich zu dir bin.
Es tut mir so leid, aber ich kann nicht anders, außer dich anzulügen.
Ich habe viel zu viel Angst vor der Wahrheit…

B leiben

Es bleibt für immer…
Meine Gefühle für dich werden mich nie mehr verlassen. In meinem Herzen werde ich für immer einen Platz für dich haben, der eine besondere Bedeutung hat. Die Bedeutung der Liebe.
Du bist meine große Liebe und das wirst du für immer bleiben!
Für immer werde ich mir wünschen, dass es irgendwann ein Wir gibt.
Für immer werde ich mir wünschen, dass ich meine Zukunft mit dir an meiner Seite verbringen darf.
Für immer werde ich mir wünschen, dass du mich genauso liebst, wie ich dich.

Für immer werde ich mir wünschen, dass du bei mir bleibst.

Ende

Ein Ende? *Gibt es nicht.*

Es wird niemals ein Ende meiner Gefühle für dich geben.
Es wird niemals ein Ende meiner Gedanken an dich geben.
Es wird niemals ein Ende meiner Hoffnungen auf unsere
gemeinsame Zukunft geben.
Es wird niemals ein Ende meiner Liebe zu dir geben!
Für diesen Lebensabschnitt, in dem du mich leiden lässt, ich
unehrlich bin und dabei einfach nur Angst vor der Zukunft
habe, wird es niemals ein Ende geben!

Verliebtheitsphase

Der Anfang jeder großen Liebe startet mit dem Verliebtsein.
Ich habe mich beim ersten Blick so unglaublich in dich
verliebt. Weißt du das eigentlich?

Mittlerweile habe ich erkannt, dass du meine große Liebe bist
und ich von „ich bin, verliebt in dich" zu „ich liebe dich"
gekommen bin.
Aber du?
Du verhältst dich so, als würdest du mich mögen.
Es gibt einen Riesenunterschied zwischen mögen und lieben.
Kennst du diesen Unterschied?

Wenn du mich magst, kann es schnell passieren, dass du mich
ausnutzt. Ausnutzt zu deiner Befriedigung. Ausnutzt, damit du
für dich das Beste erreichst.
Aber bist du so ein Mensch?
Der mich ausnutzen würde? Mich?
Dabei hast du mich doch am Anfang so liebevoll behandelt. So
liebevoll, als würdest du mich lieben.
Du liebst mich, oder?

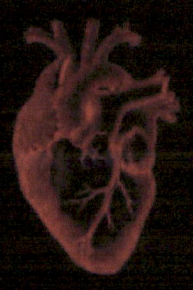

Schicksal

Ob das Schicksal entschieden hat, dass wir uns getroffen
haben?
Wenn ja, dann liebe ich es.
Ich bin mehr als dankbar, dass wir uns kennengelernt haben,
aber andersrum habe ich auch Angst, dass es ein Fehler war,
dich kennenzulernen. Ein Fehler, weil ich Angst vor dem
nächsten Schritt habe. Den nächsten Schritt, den ich machen
werde, sowie der nächste Schritt, den du machen wirst. Ich
habe Angst vor dem nächsten Schritt, den wir beide gehen
werden.
Aber ich denke auch, dass das Schicksal den nächsten Schritt
bestimmen kann, und dann wird dieser nächste Schritt
wunderschön. So wunderschön, wie unser Kennenlernen,
welches auch das Schicksal entschieden hat.
*Das Schicksal, welches über unsere Zukunft bestimmen
wird.*

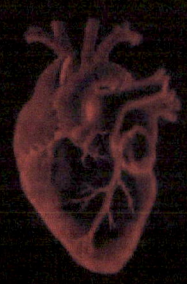

Das erste

Aufeinandertreffen

Unser allererstes Treffen hat in mir alles verändert.
Ab da an, konnte ich nur noch an dich denken.
Wie du mich angeschaut hast. Wie du in meine Augen geschaut
hast.
Du hast mir das Gefühl gegeben, dass du mich schützen wirst,
indem du mich einfach nur angesehen hast.
Es war Liebe. Liebe auf den ersten Blick.
Dein Aussehen wow. Du bist die Definition von Schönheit.
Dein Geruch oh mein Gott. Du hast diesen gewissen guten
Duft.
Sobald du in meiner Nähe bist, werden meine Sinne geblendet.
Geblendet von dir. Von deinem Aussehen und deinem Geruch,
einfach von deiner Perfektion.

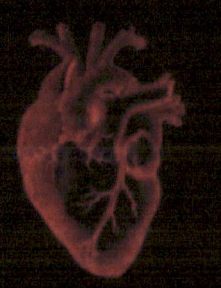

Die erste

Kommunikation

Unsere erste Kommunikation war so wundervoll, dass ich sie
niemals vergessen möchte. Der Anfang von etwas ganz
Besonderem.
Wie du mit mir gesprochen hast. Du hast mir deine Worte
anvertraut.
Deine Stimme ist so klangvoll, dass ich diese für immer in
meinen Ohren behalten möchte.
Ich hoffe, ich kann deine Stimme für immer hören.

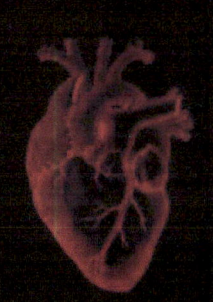

Der erste

Augenkontakt

Als du mir das erste Mal in die Augen geschaut hast, hat sich in mir ein unvergesslich hinreißendes Gefühl verbreitet. In meinem Bauch hat sich ein Kribbeln entwickelt. Ein Kribbeln, welches so stark war, dass ich am liebsten gekreischt hätte, weil ich es so deutlich gespürt habe.
Du hast mir in die Augen geschaut. Ich habe dir in die Augen geschaut. So tief haben wir uns in die Augen geschaut, dass ich förmlich deine Seele sehen konnte. Auch du hast mir in meine Seele geschaut.
Du hast mir sofort das Gefühl gegeben, dass ich mich sicher fühlen kann. Sicher in deinem Vertrauen. Sicher in deinen Augen.
Deine Augen sind das Allerschönste, was ich jemals gesehen habe und in deine Augen zu schauen, ist das traumhafteste Gefühl, welches ich jemals spüren durfte.

Ich habe mich in deine Augen verliebt!

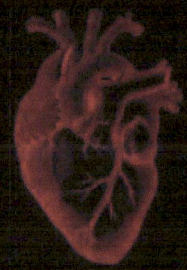

26

Die erste
Berührung

Unsere erste Berührung. Sie war so unbeschreiblich großartig. Ich kann dieses Gefühl, welches sich in diesem Moment in mir ausgebreitet hat, nicht ganz beschreiben, aber es war so schön, dass ich es am liebsten nur noch spüren möchte.

Du hast mich berührt. Ich war nicht darauf vorbereitet, aber es war so unglaublich schön, dass ich nie wieder darauf vorbereitet sein müsste.

Es war perfekt! So perfekt, dass ich es für immer behalten möchte.

Unsere erste Berührung hat mir die Bestätigung gegeben, dass ich mich in dich verliebt habe…

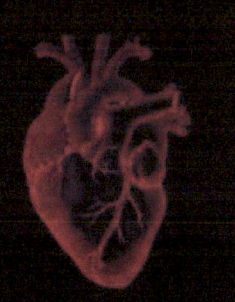

Das erste

Lächeln

Dein erstes Lächeln. Dein erstes Lächeln an mich. Du hast
mich angelächelt und ich musste automatisch zurücklächeln.
Dein Lächeln sieht so wahr aus.
Du hast mir dein Vertrauen geschenkt, indem du mir dein
wahres Lächeln gegeben hast. Du hast mir mit deinem Lächeln
gezeigt, dass du dich wohlfühlst. In meiner Nähe.
Und das macht mich zum glücklichsten Menschen.
Du fühlst dich wohl bei mir.

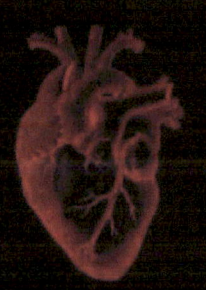

Das erste

Kompliment

Du hast mir ein Kompliment gemacht.

Ehrlich? Ein Kompliment? Wie bitte?

Du hast mich lächeln lassen und mein Herz sich erwärmen lassen. Ich fühle mich so gut bei dir, wie ich mich noch nie zuvor gefühlt habe.

Du hast mich ein Gefühl spüren lassen, welches ich zuvor noch nie spüren durfte.

Deine Worte haben mich in dich verlieben lassen.

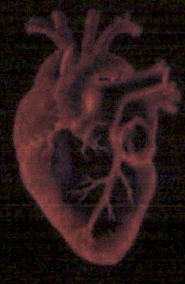

Die erste

Nachricht

Deine erste Nachricht hat mich wissen lassen, dass du an mich denkst. Du denkst an mich, während du nicht bei mir bist.
Du hast mir geschrieben und ich spüre nur, wie mein Herz anfängt ganz stark zu pochen. Die Schmetterlinge in meinem Bauch verbreiten sich immer mehr und flattern bis zu meinem Hals hoch.
Deine erste Nachricht hat mir so viel geschenkt, dass ich wusste, du bist die Person, mit der ich meine Zukunft verbringen möchte.

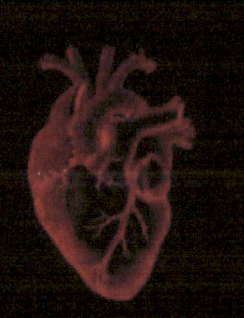

Das erste

„Verlassen"

Als du mir das erste Mal „Auf Wiedersehen" gesagt hast, hast du mir gezeigt, dass du immer wieder zurückkehren wirst. Währenddessen hast du mir tief in die Augen geschaut und ich habe ein Gefühl von Vertrautheit gespürt und dass wir uns ganz bald wiedersehen.
Du hast mich wissen lassen, dass du mich nie wieder verlassen wirst.

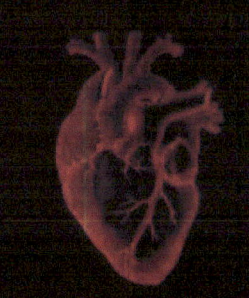

Meine Gedanken

Meine Gedanken werden allein von dir beeinflusst.
Meine Gedanken sind komplett bei dir.
Meine Gedanken lassen mich nicht mehr an etwas anderes
denken.
Meine Gedanken sind viel zu durcheinander, um überhaupt
noch klar sein zu können.

Ich kann nur noch an dich denken...

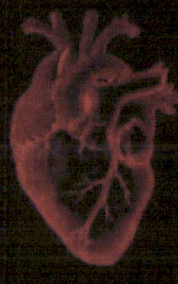

Verlorene Gedanken

Meine Gedanken sind so verloren, dass ich nicht mehr weiß,
was ich denken soll.
Jede einzelne Sekunde kann ich an nichts mehr anderes
denken, außer an dich.
Du bist die Hauptrolle in meinen Gedanken.
Du hast meine Gedanken übernommen. Und das lässt sie so
verlieren, dass ich mich selbst dabei verliere.

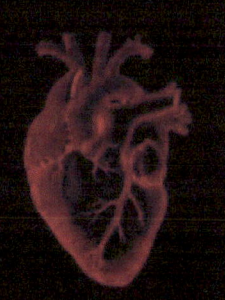

Gedanken verdrängen

Täglich versuche ich meine Gedanken an dich zu verdrängen.
Verdrängen, weil meine Gedanken mich fertig machen. So
fertig machen, weil ich nicht mehr weiß, was ich denken soll.
So fertig, weil ich nicht weiß, wie du denkst.
Ich möchte diese Gedanken verdrängen.
Verdrängen, weil ich so nicht mehr weiter machen möchte.
Verdrängen, weil ich nicht weiß, ob ich so noch weiter machen
möchte.

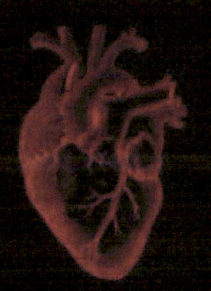

Weiterdenken

Ich versuche jedes Mal weiterzudenken.
Weiterzudenken, indem ich versuche, nicht an dich zu denken.
Gescheitert.
Ich versuche an eine Zukunft ohne dich zu denken.
Vollkommen misslungen.
Ich kann nicht an ein Leben ohne dich denken.

Mein zukünftiges Leben muss mit dir zusammen sein.

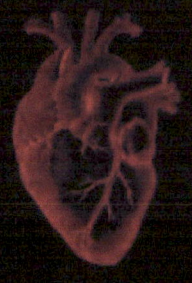

Meine Gefühle

Meine Gefühle spielen verrückt.
Ich weiß nicht, was ich fühlen soll und gleichzeitig weiß ich
genau, was ich fühle.
Ich weiß nicht, wie ich fühlen muss, aber gleichzeitig weiß ich
genau, was mir meine Gefühle zeigen wollen.
Ich fühle so viel und gleichzeitig so wenig.

Meine Gefühle verwirren mich.

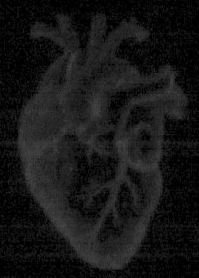

Verlorene Gefühle

Meine Gefühle sind komplett verloren.
Verloren in deiner Schuld.
Du löst diese Gefühle in mir aus, die mich so verwirren, dass ich mich selbst verliere.
Meine Gefühle sind gegenüber dir viel zu chaotisch. Sie sind verloren, weil ich nicht weiß, wie ich mit dir umgehen soll und was ich bei dir fühlen soll.

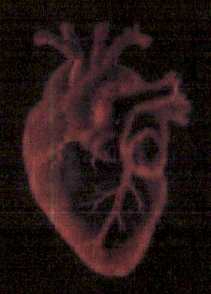

Gefühle unterdrücken

Ich unterdrücke meine Gefühle.
Ich unterdrücke diese verdammten Gefühle, die nur von dir
bestimmt sind.
Ich unterdrücke meine Gefühle, weil ich zu viel Angst vor
deiner Reaktion habe.

Ich unterdrücke dieses verdammte Gefühl, verliebt zu sein.
Verliebt in dich und dabei nicht zu wissen, ob du dasselbe
fühlst.

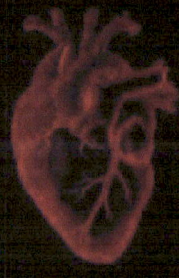

Mein zu Hause

Mein zu Hause ist kein Ort.

Mein zu Hause bist du…
Mein zu Hause bist du, wenn du lächelst.
Mein zu Hause bist du, wenn du mich anschaust.
Mein zu Hause bist du, wenn ich weiß, du bist glücklich.
Mein zu Hause bist du, wenn du bei mir bist.

Mein zu Hause bist nur du!

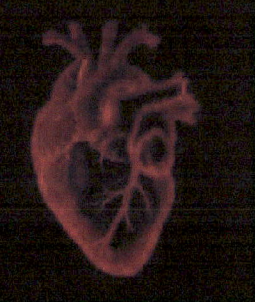

Ich will...

Ich will dich!
Ganz und gar. All deine Probleme, all deine Fehler, all deine
Sorgen, all deine Gedanken und deine Gefühle, all deine
Schwächen und deine Stärken.

Ich will dich und alles von dir!

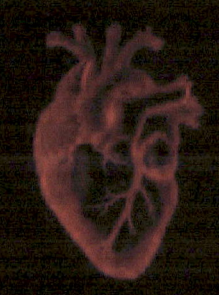

Nur du,

Nur du bist die richtige Person für mich.
Nur du kannst mir Sicherheit geben. Die Sicherheit, die ich
brauche, um mich wohlzufühlen.
Nur du kannst mich bei schlechter Laune zum Lächeln bringen.
Nur du kannst mir dein wahres Ich zeigen.
Nur du kannst mich verstehen, so wie ich bin.
Nur du gibst mir das Gefühl, geliebt zu werden.
Nur du hast jemals mein Vertrauen gewonnen.
Nur du kannst mich zu einem besseren Menschen machen.
Nur du machst mein Leben so viel besser.

Nur du bist meine große Liebe!
Und wenn nicht du, dann niemand.

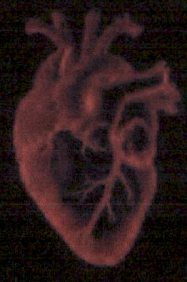

Manchmal

Manchmal schaue ich dich an und verstehe nicht, wie ich so viel Glück haben kann, dich an meiner Seite zu haben. Manchmal denke ich darüber nach, wie glücklich ich mich schätzen kann, dass wir uns begegnet sind. Manchmal schaue ich dich an und verstehe nicht, wieso du ausgerechnet mich ausgewählt hast? Ich habe dich nicht verdient. Du bist einfach zu großartig für mich.

Ich möchte dich für immer an meiner Seite haben.

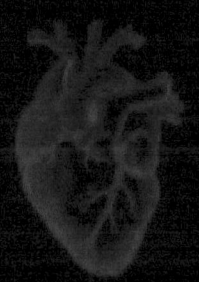

Weil

Ich habe mich in dich verliebt, weil...

... du mir von Anfang an das Gefühl gegeben hast, dass ich mich bei dir sicher und geborgen fühlen kann.

... du mich gelehrt hast, wie ich mich verhalten muss in unbekannten Situationen.

... du in mir einfach Schmetterlinge zum Fliegen gebracht hast, deren Flügel lange Zeit zu schwach waren.

Du bist die richtige Person für mich, weil...

...ich bei dir Ich selbst sein kann.

... du mir gezeigt hast, dass ich alles schaffen kann.

... du in mir so wunderschöne Gefühle auslöst, die sonst niemand schafft, auszulösen.

... ich mich auf den ersten Blick in dich verliebt habe.

Mit dir möchte ich mein Leben verbringen, weil...

... ich nach wenigen Sekunden wusste, dass du für mich so viel mehr bist als nur irgendeine Person.

... Du mir nur in die Augen schauen brauchst und ich weiß „ich habe die richtige Person ausgewählt".

Ich liebe dich

…drei Worte, die so viel mehr Bedeutung haben.
…12 Buchstaben, die man so unterschiedlich ausdrücken kann,
aber sie trotzdem dieselbe Bedeutung haben.
… ein Satz, der so kurz ist und doch so lang sein kann.

„Ich liebe dich."
So einfach zu sagen und doch so schwer es auszusprechen.
Man braucht Zeit und Vertrauen, um diese drei Worte über die
Lippen bringen zu können.
„Ich schätze dich"
„Du bedeutest mir so viel"
„Ich mag dich wirklich sehr"
Es gibt unterschiedliche Ausdrücke, um „Ich liebe dich" zu
sagen.
… und trotzdem traue ich es mich nicht.
Ich traue mich nicht, dir zu sagen, dass ich dich liebe…

Eines Tages werde ich ehrlich zu dir sein und es dir ins
Gesicht sagen, nur noch nicht jetzt. Ich bin noch nicht bereit.

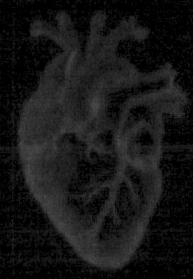

Versprechen

Ich verspreche dir, dass ich immer für dich da sein werde.
Ich verspreche dir, dass ich dir immer zuhören werde.
Ich verspreche dir, dass ich immer da bin, um mit dir zu reden.
Ich verspreche dir, dass ich immer bei dir bleiben werde.

Ich verspreche dir, dass ich dich in jedem Moment liebe, egal
wie oft wir nicht einer Meinung sind oder wie oft wir streiten.
Ich verspreche dir, dass ich dich in jedem Moment liebe, egal
ob es mir gerade schlecht geht.

Ich werde uns niemals aufgeben, das verspreche ich!

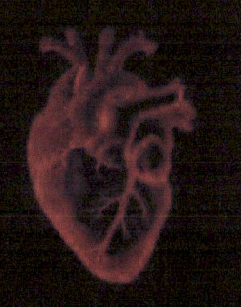

Herz oder Kopf?

Ich habe mal gehört in schwierigen Situationen soll man auf sein Herz hören.
Aber das ist einfacher gesagt als getan…
Auf mein Herz hören…
Wie funktioniert das richtig?
Mein Herz schlägt viel zu schnell, um mir dabei richtige Signale zu geben.
Wie soll ich auf mein Herz hören, wenn es kurz davor ist, zu explodieren?
Aber auf meinen Kopf hören? … noch schwieriger.
Mein Kopf ist zurzeit pures Chaos.
Ich weiß nicht, was in meinem Kopf vorgeht, und habe keine Ahnung, wann mein Kopf sich sortieren wird.

Ich weiß nicht auf was ich hören soll… Herz oder Kopf? Es ist alles ein Durcheinander.

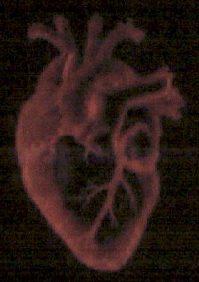

Lächeln

Dein Lächeln? Das Allerschönste für meine Augen.
Dein Lächeln bringt Farbe in meine Augen. Dein Lächeln
bringt meine Augen zum Strahlen.
Dein Lächeln zeigt mir, du magst mich.
Dein Lächeln zeigt mir, du fühlst dich gut, wenn wir uns
sehen.
Dein Lächeln macht meine kaputte Welt heile.
Doch bist du nicht auch der Grund, weshalb meine Welt dabei
ist immer mehr kaputt zu gehen? Ich weiß es nicht.
Und deswegen blende ich es aus. All das negative in meiner
Welt blende ich aus. Ich blende es aus, solange du bei mir bist
und lächelst.
Wenn du lächelst, lächle ich auch.
Dein Lächeln macht mich glücklich.
Dein Lächeln möchte ich für immer sehen.
Jeden Tag. Jede Minute. Jede Sekunde.

Ich möchte mein Leben mit deinem Lächeln
verbringen.

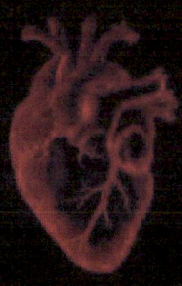

Lüge oder Wahrheit?

Ich lüge vielleicht, wenn ich sage…
„Ich habe gegessen."
„Mir geht's gut."
„Es ist mir egal."
„Alles okay."

Aber ich würde niemals lügen, wenn ich sage…
„Ich bin für dich da."
„Du bist mein Ein & Alles."
„Du bist wunderschön."
„Ich liebe dich."
„Du bedeutest mir alles."
„Ich vermisse dich."

Ich würde niemals lügen, wenn ich sage „Du bist meine große
Liebe" und genau das sage ich dir jedes Mal.
Ich versuche es zumindest.
Ich würde es dir so gerne sagen, aber es ist schwer.
Es ist viel zu schwer, dir die Wahrheit zu sagen.

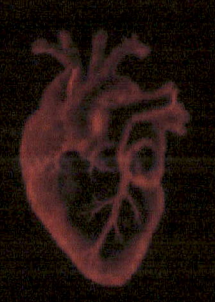

Hoffnungen

Durch deine ganzen Worte, Blicke, Berührungen, Komplimente und Nachrichten schenkst du mir so viele Hoffnungen.

Du gibst mir eine so große Hoffnung, dass ich glaube, dass du mein Leben lang bei mir bleibst.
Du gibst mir so viel Hoffnung, dass du mich glauben lässt, du fühlst genauso für mich, wie ich für dich.
Du gibst mir Hoffnungen, dass ich Angst habe, dass sich diese Hoffnungen nicht bestätigen.
Du gibst mir die Hoffnung deiner Liebe, dass du mich liebst, so wie ich dich liebe.

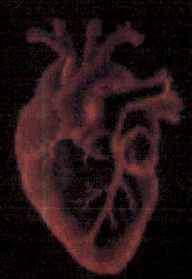

Wie lang?

Wie lang werde ich deinen Geruch noch in meiner Nase haben?
Wie lang werde ich noch in deine strahlenden Augen blicken können?
Wie lang werde ich noch deine Wärme spüren dürfen?
Wie lang werde ich deine Stimme noch hören?
Wie lang darf ich noch diese Art von Liebe spüren?
Wie lang darf ich noch mit meiner großen Liebe sein?
Sag mir bitte,
Wie lang bleibst du noch?

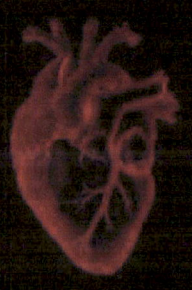

Beeinflusst

Ich werde immer wieder beeinflusst durch dich.
Du beeinflusst meine Gedanken.
Meine Gedanken, die einfach nur von dir abhängig sind.
Du beeinflusst mein Handeln.
Mein Handeln in allen Situationen.
In allen Situationen, in denen ich an dich denke.
In allen Situationen, in denen ich dich sehe.
In allen Situationen, in denen wir miteinander kommunizieren.
Du beeinflusst meinen Alltag.
Ich kann keinen normalen Alltag mehr bewältigen, da ich jede
Minute an dich denke.
Du beeinflusst mein Leben!
Aber alles im positiven Sinne.

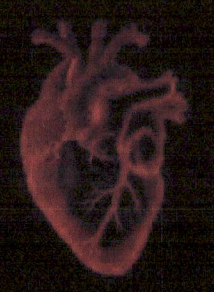

Stress

Ich bin gestresst.
Nicht wegen meiner Umgebung. Nicht wegen einem Geschehen aus der Umwelt. Nicht wegen einem Erlebnis, welches ich erlitten habe.
Ich bin mental gestresst.

Gestresst wegen meinen Gefühlen. Wegen meinen Gedanken. Wegen meiner inneren Stimme. Wegen meinen Sorgen.
Ich bin mental gestresst wegen dir…
Du sorgst für eine Gefühlswelt in mir, die völlig außer Kontrolle gerät. Du sorgst für Gedanken in mir, die ich nicht sortieren kann.
Du bringst Unruhe in mir hinein. Aber es ist eine angenehme Unruhe, denn ich weiß, dass diese Unruhe kontrolliert wird… durch dich. Du passt auf mich auf. Und niemand kann diese Unruhe kontrollieren… Niemand außer du…

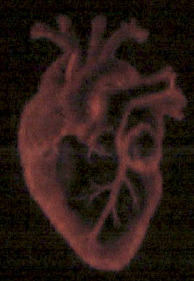

Schade

Ich frage mich, wie es gelaufen wäre, wenn wir uns früher kennengelernt hätten.
Wäre dann alles anders gelaufen? *Besser? Oder noch schlimmer?*
Ich finde es so schade, dass wir uns nicht früher kennengelernt haben.
Ich finde es schade, dass unsere Zeit nur begrenzt ist, denn man weiß nie, wann sie endet. *Ich habe Angst, dass unser Ende bald naht...*
Ich finde es schade, dass es in der Vergangenheit kein „Wir"
gab, aber ich freue mich auf die Zukunft mit „Uns".
Es wird doch ein „uns" geben, oder? Für immer?

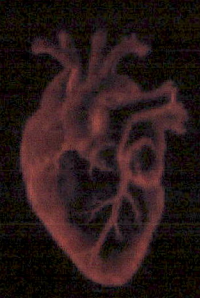

Innerliche

Schmerzen

Es tut so weh. Ich habe Schmerzen.
Schmerzen bei der Vorstellung, allein zurückzubleiben.
Ich habe Angst, dass du nicht mehr an mich denkst.
Ich habe Angst, dass du mir nicht mehr schreibst.
Ich habe Angst, dass du mich nicht liebst.
Ich habe Angst, dass du mich allein lässt.
Und diese Angst setzt in mir so starke Schmerzen aus!

Alles in mir schmerzt aus Angst, mein Leben ohne dich verbringen zu müssen.

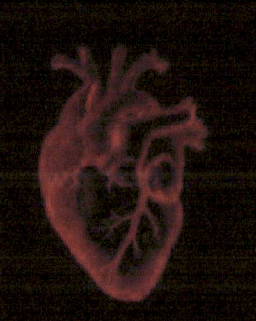

Äußerliche
Schmerzen

Ich zeige meine Schmerzen nicht äußerlich. Ich habe auch keine äußerlichen Schmerzen.
Aber die Andeutungen sind so deutlich, dass man meine Schmerzen von außen sehen müsste. Siehst du sie denn nicht?
Meine Schmerzen lassen mich schreien. Viel zu laut. So laut, dass man es hören könnte, wenn man sie hören möchte.
Kannst du meine Schreie hören?

Merkst du nicht, wie ich vor Schmerzen schreie?

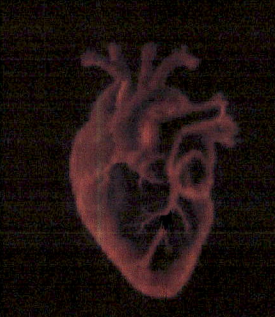

Schmerzen
durch Gedanken

Meine Gedanken schmerzen.
Meine Gedanken drehen sich nur noch um dich.
Ich kann an nichts anderes mehr denken, außer an dich. Du
übernimmst meine Gedanken!
Kein Tag, keine Stunde, keine Minute, keine Sekunde vergeht,
in der ich nicht an dich denken kann.
Ich denke an dich und das nicht immer positiv.
Natürlich liebe ich dich und denke an die Zukunft, wie schön
sie doch wäre mit dir.
Aber gleichzeitig muss ich auch immer wieder an die Angst
denken, dass meine Zukunft nicht mit dir sein wird. Mein Herz
schmerzt bei diesem Gedanken…

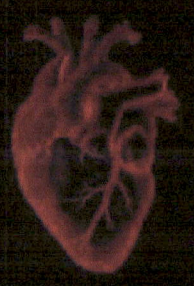

Schmerzen
durch Gefühle

Du übernimmst die komplette Kontrolle meiner Gefühle. Du
bestimmst meine Gefühle, indem ich nur noch für dich fühlen
kann.
Bei jedem Aufeinandertreffen, bei jedem Blick, in jedem
Gespräch, in jeder Nachricht verspüre ich das Gefühl von
Geborgenheit, Sicherheit und Wertschätzung. Bei jedem
Kontakt jeglicher Art mit dir, verspüre ich das Gefühl vom
Verliebtsein.
Und ich weiß nicht, ob du diese Gefühle widerspiegeln kannst,
deshalb schmerzen meine Gefühle, die sich von dir abhängig
machen.

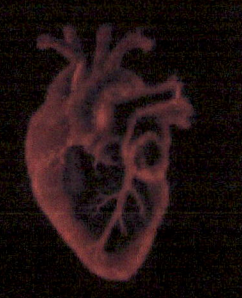

Unaushaltbare
Schmerzen

Meine Schmerzen, die durch dich ausgelöst werden, sind
unaufhaltbar.
Diese Ungewissheit, die ich verspüre, wenn ich mich frage, ob
du genauso fühlst, wie ich für dich fühle.
Ob du mich genauso siehst, wie ich dich sehe.

Ich habe unendliche Schmerzen, bei der Frage, ob du mich
liebst oder ob du mich gar nicht siehst...

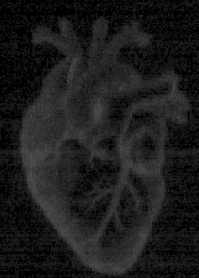

Zusammenbrechen

Ich werde jederzeit zusammenbrechen. *Wirst du mich festhalten und stützen?*

Oder wirst du einfach zusehen, wie ich falle, ohne einen Schritt in meine Richtung zu gehen?

Ich frage mich, ob du da sein wirst, wenn der Schmerz mich erdrückt, oder ob du mich allein lassen wirst, wenn ich am meisten Unterstützung brauche.

Die Unsicherheit quält mich.

Brauche ich dich, um zu überleben, oder kann ich allein wieder aufstehen?

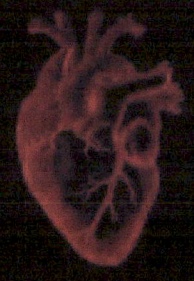

Fehler

Du bist der Fehler für mein Verhalten!
Deine Worte und Taten haben mich verändert, mich in eine
Richtung gedrängt, die nicht die meine ist.
Es ist einfacher, dir die Schuld zu geben, als zu erkennen, dass
ich selbst für meine Reaktionen verantwortlich bin.

Vielleicht bin ich zu sehr auf dich angewiesen, vielleicht habe
ich mich in deiner Welt verloren.
Aber am Ende muss ich entscheiden, wie ich handle, auch
wenn du mich beeinflusst.

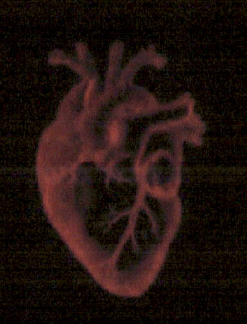

Krank

Du machst mich krank.
Krank vor Liebe.
Ich liebe dich so sehr und ich weiß, es wird jeden Tag noch
mehr. Noch mehr an Gefühlen. Noch mehr an Gedanken.
Ich verliebe mich jeden Tag immer mehr in dich. Und du
machst dafür nicht mal was. Du musst nur anwesend sein, und
meine Schmetterlinge im Bauch flattern wie verrückt hin und
her.

Ich bin krankhaft verliebt in dich.

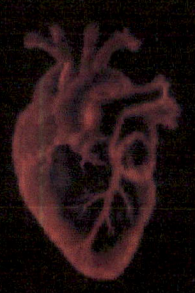

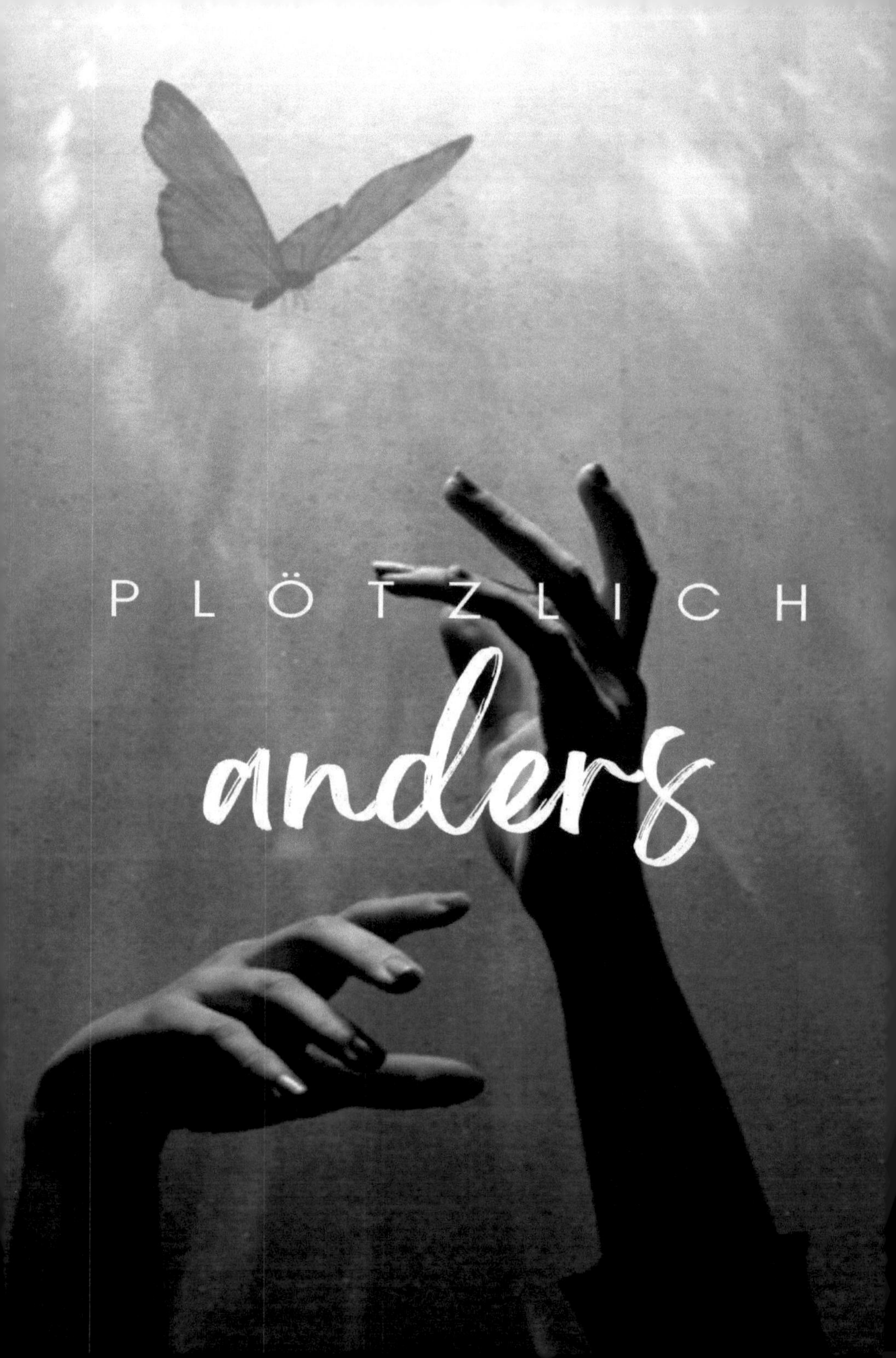
PLÖTZLICH
anders

Vorbei?

Deine letzte Nachricht.
Sie hat in mir noch mehr verursacht als alles andere.
Deine letzte Nachricht hat mir ein Stechen in die Brust gesetzt,
wie ein Pfeil, der mich traf.
Ein Pfeil, der mich so stark traf, dass alles in mir begann zu
brennen und mein Körper nichts anderes mehr konnte, als zu
zittern.
Ich spürte nichts mehr. Nicht mal mehr das unzählige warme
Wasser, welches mein Auge in Sekundenschnelle verlässt.
Du hast mir mit deiner Nachricht ein Seil um den Hals gelegt
und so fest dran gezogen.
Ich habe versucht nach Luft zu schnappen, doch du hast es
bereits viel zu festgezogen.
Ich bekomme keine Luft mehr.
Schließlich verlässt mich meine komplette Kraft meines
Körpers und meine Augen schließen sich.

Bin ich Tod?
Nein nur müde. Ich schlafe nur. Wie lange? Weiß ich noch
nicht. Ich werde mir die Zeit nehmen, die ich brauche.

Ich wache auf.

Ist es vorbei? Der Alptraum?

Es war kein Traum, es war Realität.
Die Realität, die mich zum Schlafen gebracht hat.
Die Realität, die wusste, dass mein Körper keine Kraft mehr hat.
Die Realität, die mich nicht mehr hier haben wollte. Und die Realität, die ich nicht mehr haben wollte.
Denn kaum bin ich wieder bei Sinne, überrollen mich meine Gedanken und ich mache mir solche Vorwürfe.
Ich denke an deine Nachricht und dass jede einzelne Sekunde lang, dabei merke ich, wie schwer es mir fällt überhaupt an dich zu denken.
Ich bin viel zu schwach, um zu denken.

Und das alles wegen dieser einzigen Nachricht „Sorry".

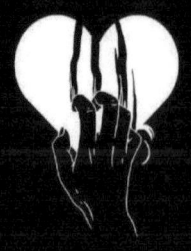

„Sorry"

Deine Nachricht. „Sorry".
Drei Buchstaben, die mich mein Leben lang quälen werden.
Die mich nachts hellwach werden lassen und die mir meine
ganze Kraft stehlen werden.
„Sorry". Für was?
Dafür, dass du mir unzählige Hoffnungen gemacht hast, die
sich jetzt in Luft auflösen werden?
Dafür, dass du mich warten lassen hast?
Dafür, dass du mich ignorierst und nicht mehr antwortest,
geschweige denn überhaupt reagierst?
Dafür, dass du mich nicht so behandelst, wie ich es erwartet
habe?
Dafür, dass du meine Liebe nicht siehst?
Dafür, dass du meine ganze Kraft genommen hast?
Dafür, dass du mich so doll verletzt hast, dass ich niemals mehr
jemanden vertrauen kann?
Dafür, dass du mir die Schuld gegeben hast, weil ich mich in
dich verliebt habe?

Sagst du „Sorry" dafür, dass ich dich liebe und du mir alles
bedeutest?

Kaputt

Nein, ich bin nicht müde. Ich bin nur kaputt.
Kaputt von all dem Stress um mich herum.
Kaputt, weil meine Gedanken mich zerstören.
Kaputt, weil meine Gefühle verrücktspielen.
Kaputt, weil ich nicht weiterweiß.
Ich bin kaputt. Kaputt wegen dir.
Du machst mich kaputt.

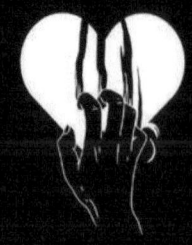

Blut

Du lässt mich bluten.
Nicht mit einem sichtbaren Schnitt, sondern mit deinen Worten,
mit deinem Verhalten, das mich immer wieder verletzt.
Es ist ein Schmerz, den niemand sieht, der mich aber innerlich
zerreißt.
Ich versuche, weiterzumachen, aber jede Wunde, die du
hinterlässt, reißt immer wieder auf.
Du bemerkst es nicht, aber jeder Moment, in dem du mich
ignorierst oder enttäuschst, macht es schlimmer.

Und doch bleibe ich, in der Hoffnung, dass du irgendwann
aufhörst, mich zu verletzen.

Federn

Federn sind so leicht, dass man sie kaum bemerkt.
Federn sind so weich, dass man es genießt, wenn sie einen
berühren.
Federn können angenehm sein, aber sie können auch
Schwierigkeiten herbeiführen.
Federn können so leicht sein und trotzdem eine Gefahr werden.
Genauso ist es mit meinem Gedanken.
Meine Gedanken sind so leicht und unbeschwerlich, doch
gleichzeitig sind sie so schwer und anstrengend.
Sie lassen mich ablenken von der Realität und doch bringen sie
mich in angespannte Stimmungen und Nervosität. Sie ersticken
mich.

Meine Gedanken sind wie Federn.
So leicht und doch wie ein Schwergewicht auf mir.

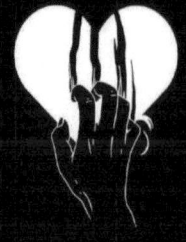

Hassen

Mein Herz hat sich für dich entschieden.
Das ist das Problem, welches mich zerstört und mir tausend
Risse in mein Herz schneidet.
Du setzt die kaputte Glasscherbe immer wieder neu an, und
immer wieder triffst du einen neuen, so perfekt schmerzenden
Punkt, dass es für mich die pure Hölle bedeutet.

Du tust mir so weh. So sehr, dass ich nichts mehr sehe, weil ich
vor Schmerzen meine Augen fest zukneife. So fest, dass du sie
wieder aufreißen musst, weil du unbedingt möchtest, dass ich
die Schmerzen spüre. Weil du möchtest, dass ich hellwach bin,
während du mich quälst. Weil du möchtest, dass ich es mit all
meinen Sinnen mitbekomme, wie du mich leiden lässt.
Ich hasse es. Ich hasse dieses Gefühl.

Das Gefühl, dich zu hassen, obwohl ich dich tief im Inneren
über alles liebe.

69

Ich verliere
Gefühle

Ich bin gerade dabei meine Gefühle zu verlieren.
Und das ist überhaupt nicht gut.
Weißt du warum?
Weil ich nicht irgendwelche Gefühle verliere, sondern die
wichtigsten Gefühle.
Die Gefühle, die ich brauche, um normal weiterzuleben. Um
normal in einer Zukunft weiterzumachen.

Du nimmst mir all meine Gefühle, um eine Zukunft
normal zu erleben.

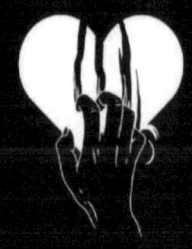

Ich verliere
Gedanken

Gedankenchaos.

Viel zu viele Gedanken in mir. In meinem Kopf.
Und alle Gedanken verliere ich… an dir.
Du beeinflusst meine Gedanken so sehr, dass ich an nichts
anderes mehr denken kann, außer an dich.

Ich verliere meine kompletten Gedanken an dir.

Ich verliere

Vertrauen

Ich verliere Vertrauen.
Mein Vertrauen in andere Menschen.
Ich vertraue dir so sehr, dass ich niemand anderem mehr
vertrauen möchte.
Du hast mein Vertrauen gewonnen. Aber behandelst du es gut?
Das weiß ich leider nicht.
Denn ich habe das Gefühl, du missbrauchst mein Vertrauen
eher.
Du nutzt mein Vertrauen aus.
Ich verliere mein Vertrauen an alle anderen Menschen, ganz
allein wegen dir.

Ich bin hier eindeutig der Verlierer.

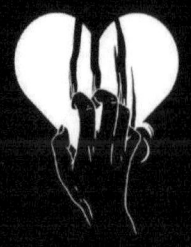

Waffe

Du legst mir eine Waffe an den Kopf.
Meine Gedanken kreisen sehr schnell durch meinen Kopf. Sie überrollen mich so schnell, dass ich nicht mehr weiß, was ich in diesem Moment denken soll.
Ich spüre, wie deine eine Hand an mein Hals gleitet. Du hältst mich fest.
Du gibst mir Halt. Du gibst mir Halt in einer doch so gefährlichen Situation. Das denke ich zumindest.
Deine Hand wird stärker, du bohrst deine Nägel in mich hinein.
Ich fühle, wie sich mein Hals zuschnürt und der Druck tief in meiner Speiseröhre wächst.
Ich möchte schlucken, doch ich kann nicht.
Ich möchte nach Luft schnappen, doch ich kann nicht.
Du hinderst mich daran zu überleben.
Ich merke, wie du deinen Daumen auf dem Abzug der Waffe bewegst.
Ich höre meinen Atem. Er ist so laut, aber dennoch zu leise, dass du ihn hörst.
Ich habe Angst.
Ich habe Angst davor, was du als Nächstes tun wirst.

Ich habe Angst vor deiner nächsten Reaktion...

73

Angst
vor dir

Ich erkenne dich nicht wieder.
Niemals hätte ich gedacht, dass mal sagen zu müssen, aber bist
du noch dieselbe Person, die ich kennengelernt habe?
Du zeigst deine Gefühle gegenüber mir nicht mehr...
zumindest nicht offensichtlich.
Du redest nicht mehr so viel mit mir.
Du entschuldigst dich nicht mehr für Fehler.
Ich erkenne dich nicht wieder und das macht mir Angst.
Ich habe Angst... Angst davor, dass du plötzlich sagst du willst
nichts mehr mit mir zu tun haben...

Habe ich doch nicht die richtige Person ausgewählt?

Angst
vor mir

Aber ich erkenne mich selbst auch nicht mehr wieder.
Seitdem ich dich getroffen habe, hat sich in mir alles gedreht
und verändert.
Ich bin gefühlt ein neuer Mensch geworden.
Du weißt nicht warum?
Weil du mich so sehr beeinflusst, dass ich nicht mehr weiß, wie
ich mich selbst behandeln muss, um es zu verstehen. Zu
verstehen, wie ich fühle.
Ich habe sogar schon Angst vor mir.
Angst, wie ich reagieren könnte.
Angst, wie ich reagieren werde, wenn sich etwas ändern wird.
Ich habe Angst vor mir selbst, wie ich mich verändern könnte.
Verändern wegen dir.

Angst
vor der Zukunft

Ich habe die Zukunft schon genau vor Augen.
Ich habe Wünsche und Träume, die mir meine Zukunft bringen sollen.
Aber was ist, wenn die Zukunft gar nicht so aussieht? Was ist, wenn die Zukunft nicht so wird, wie ich es mir vorstelle?
Das macht mir Angst. So viel Angst.

Wenn die Zukunft nicht so wird, wie ich sie mir vorstelle, *mit dir,* dann möchte ich keine Zukunft haben…

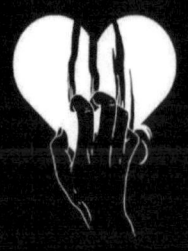

Angst
vor der Liebe

Ich habe Angst.
Angst davor, was passiert, wenn sich meine Gefühle noch
weiter ausdehnen. Wenn du meine Gefühle wahrnimmst und
sie spiegelst. Ich habe Angst davor, was passiert, wenn du mich
liebst.
Ich wünsche es mir so sehr, aber ich weiß einfach nicht, wie es
ist geliebt zu werden.
Ich stelle es mir kompliziert, doch gleichzeitig unendlich schön
vor.
Ich habe Angst vor den Herausforderungen in einer Liebe.
Oder was ist, wenn die Liebe nachlässt?
Ich wurde noch nie richtig geliebt.

Deshalb hoffe ich du tust es... irgendwann.

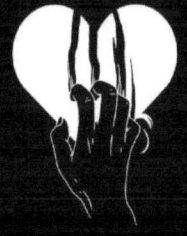

Angst
vor dem Danach

Was passiert danach? Nach der Liebe?
Wenn es jemals eine Liebe geben wird.
Was passiert, wenn wir uns lieben, glücklich sind und auf
einmal bricht alles zusammen?
Was passiert, wenn unsere Gefühle nachlassen und einer weiß,
es wird nichts mehr kommen. Bei mir wird immer etwas
bleiben und ich werde für die Ewigkeit Gefühle für dich
haben.
Was passiert, nachdem wir unsere Liebe in Erfahrung gebracht
haben?
Ich habe Angst, unsere Liebe zu verlieren.

Was passiert danach?
Nachdem wir uns nicht mehr kennen. Ich werde dich für
immer kennen.
Wenn wir uns auseinanderleben und uns nicht mehr sehen.
Ich habe unendlich Angst davor, dass wir uns eines Tages
fremd werden und was danach passieren wird.

Einem Menschen, der mir so viel mehr als die Welt bedeutet,
soll ich fremd werden? Unmöglich.
Niemals kann ich dich gehen lassen!
Es wird kein danach geben! Hoffentlich.

Angst
vor den Schmerzen

Ich habe Angst vor den Schmerzen.
Die Schmerzen, die du mir zufügst.
Die Schmerzen, die du nicht siehst, aber ich sie mehr als
deutlich spüre.
Die Schmerzen, die mich seit Wochen nicht loslassen und
immer weiter ins Leid ziehen.

Die Schmerzen der verlorenen Liebe zu dir!

Lebendiger Tod

Ich weiß, wie es sich anfühlt zu sterben. Innerlich zu sterben. Im Inneren zu sterben.
Der stechende Schmerz in der Brust, der Druck im Kopf und das Brennen im ganzen Körper.
Ich weiß, wie es ist, keine Luft mehr zu bekommen.
Ich weiß, wie es ist, wenn man wartet und doch nicht abgeholt wird.
Ich weiß, wie es ist, wenn man verletzt wird. Verletzt von der Person, die einem am meisten bedeutet.
Ich weiß, wie es ist, wenn man denkt, man verliert den wichtigsten Menschen in seinem Leben.
Und dieses Gefühl lässt mich sterben. Es bringt mich zum Tod.
Es lässt mich lebendig sterben.

Es ist mein lebendiger Tod...

Fehlen

Du fehlst. Du fehlst so sehr.
Und der Schmerz dabei wird jedes Mal mehr.
Jedes Mal, wenn ich daran denke. Wenn ich an dich denke.
Wenn ich daran denke, dass alles vorbei sein könnte...
Du fehlst mir.
Deine tägliche Anwesenheit fehlt mir.
Deine Stimme in meinem Ohr fehlt mir.
Dein Geruch fehlt mir.
Deine Blicke fehlen mir.
Dein Augenkontakt fehlt mir.
Deine Nähe zu mir fehlt mir.
Einfach alles von dir fehlt mir. So sehr.
So sehr, dass ich nicht mehr weiß, ob ich das ohne dich noch
aushalte.

Zurück

Komm bitte zurück.
Ich bitte dich darum, denn ich schaffe das nicht allein.
Du musst zurückkommen.
Ohne dich gibt es auch kein mich.
Du musst mich halten, du bist die einzige Stütze in meinem
Leben.
Ohne dich werde ich fallen, und das viel zu tief... wirst du
mich dann auffangen?

Ich habe nur eine einzige Frage;
Wirst du jemals zu mir zurückkommen?

Jemand anderes?

Warum bist du so komisch geworden?
Hat jemand anderes seine Finger in unserem Spiel?
Manchmal habe ich das Gefühl ich bin nicht die einzige Person
in deinem Leben. Die einzige Person, der du deine Liebe
schenken solltest. Die einzige Person, der du zu einhundert
Prozent vertrauen kannst.
Diese Person bin ich!
Deswegen frage ich dich; gibt es jemand anderen?
Jemand anderen in deinem Leben?
Gibt es jemand anderen, der uns zerstören könnte?

Verzweiflung

Verzweiflung. Pure Verzweiflung setzt sich in mir aus. Tag für Tag mehr.
Ich bin komplett verzweifelt. Ich weiß nicht mehr, was ich glauben soll und an was ich denken soll, geschweige denn wie ich mich fühlen soll…
Ich weiß nicht, was du denkst und vor allem weiß ich LEIDER nicht, was du fühlst.
So gerne würde ich wissen, wie du fühlst. Wie du fühlst, wenn ich bei dir bin. Wie du fühlst, wenn wir uns unterhalten. Wie du dich fühlst, sobald sich unsere Augen treffen.
Ich würde alles dafür tun, um zu wissen, wie du dich fühlst, wenn du an mich denkst.

Meine Verzweiflung lässt mich eines Tages mein Gedächtnis verlieren.

Schon wieder

Und schon wieder lässt du mich warten.
Ich bin ungeduldig. Viel zu ungeduldig.
Weißt du, dass warten meine Schwäche ist? Ich hasse es zu
warten.
Ich weiß nicht, was als Nächstes passieren wird. Wie sich das
zwischen uns entwickeln wird. Wie du beim nächsten Treffen
reagieren wirst.
Ich weiß nicht, ob du mich liebst.
Und das nur, weil du immer das gleiche machst.
Immer wieder machst du denselben Fehler.
Du lässt mich warten und lässt dabei meine Gefühle leiden.
Und das immer und immer wieder.

Band

Unser Band, du zerstört es, ich versuche es zu retten.
Du ziehst daran, aber merkst es nicht, oder?
Immer stärker ziehst du. Du ziehst meine Gefühle auf deine
Seite.
Weil ich zurückziehe, um meine Gefühle vor Schlimmeren zu
bewahren wissen meine Gedanken nicht wo hin…
Das Band dehnt sich und langsam sind Fäden zu sehen. Fäden
die zur Seite abstehen. Das Band geht kaputt.
Die Liebe zwischen uns geht kaputt.
Durch deinen Druck geht es kaputt. Alles, was wir uns
aufgebaut haben. Weißt du nicht mehr?
Wir beide allein haben das Band hergestellt. Nur wir beide sind
dafür verantwortlich, so ein wunderschönes Band halten zu
können.
Aber werden wir es auch festhalten können?

Motivation

Motivation? Was war das nochmal?

Zurzeit weiß ich leider absolut nicht mehr, wie sich Motivation anfühlt.

Ich habe keine Motivation mehr.

Keine Motivation auf Essen oder Trinken.

Keine Motivation auf Freizeitgestaltung.

Keine Motivation auf meine Mitmenschen.

Keine Motivation auf meine Gefühle und Gedanken.

Keine Motivation jeden Tag aufzustehen und so weiterzumachen, als wäre alles normal.

Ich habe keine Lust mehr.

Keine Lust mehr weiterzuleben, als wäre alles gut, dabei wird alles immer schlimmer.

Meine Seele ist müde und ich verliere die Motivation, aber ich stehe trotzdem jeden Tag auf, um diesen Kampf mit meinem Kopf zu gewinnen... Dabei weiß ich nicht mal, ob ich überhaupt eine Chance habe, zu gewinnen.

Schuld

Ich fühle mich schuldig.
Ich fühle mich so, als hätte ich Schuld.
Ich fühle mich so, als hätte ich einen Fehler gemacht.
Ich fühle mich so, als wäre ich das Problem.
Aber das nur, wegen dir...

Du bringst mich dazu, zu glauben, dass meine Reaktion das
Problem ist und nicht dein Verhalten.

Droge

Du bist wie eine Droge.
Eigentlich so gefährlich, aber trotzdem fühle ich mich wohl
damit.
Eigentlich schädlich, aber ich bin trotzdem süchtig.
Ich bin süchtig nach dir.
Ich weiß, dass du mir nicht guttust, und dennoch liebe ich dich
und möchte jede Sekunde in meinem Leben mit dir verbringen.
Du gibst mir immer wieder ein gutes Gefühl.

Du bist meine Droge.

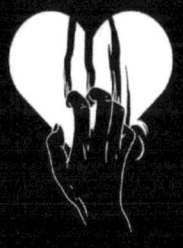

Manipulation

Du manipulierst mich.
Du behandelst meine Gefühle wie das Wertvollste auf dieser Welt und danach schmeißt du sie in den Müll.
Du schmückst meine Gedanken, wie der schönste Tannenbaum auf Erden und danach sind sie dir egal und du behandelst sie wie Luft.
Du schaust mir in die Augen und gibst mir das Gefühl, die schönsten Augen auf diesem Planeten zu haben und danach guckst du mir nicht mal mehr ins Gesicht und meidest den Kontakt mit mir.
Weißt du, was du mit mir machst?
Du manipulierst meine Gefühle, meine Gedanken, du manipulierst mich komplett.
Ich reagiere empfindlich darauf, wenn man mich wegen dir anspricht, weil ich einfach völlig überfordert bin mit der Situation… Dank dir… Dank deiner Manipulation.

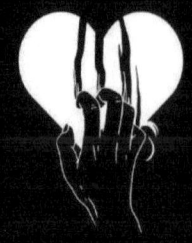

Ich sehe dich

Ich sehe dich.
Ich gehe in die Öffentlichkeit und fühle mich unwohl. Ich fühl
mich beobachtet und auch beobachte ich alles um mich herum.
Ich fühle mich unsicher, denn du bist nicht bei mir. Du warst
immer meine Sicherheit, aber nun muss ich mich allein
schützen.
Ich schaue mich um und sehe Menschen. Menschen, die mich
an dich erinnern. Menschen, die aussehen wie du.
Habe Ich Halluzinationen oder warum sehe ich dich, obwohl
du es gar nicht bist? Du bist nicht mal in meiner Nähe und
trotzdem habe ich das Gefühl, dass du mich anschaust.
Liegt es daran, dass ich dich schon so lange nicht gesehen habe
und meine Augen sich so sehr nach dich sehnen, dass sie sich
einbilden dich zu sehen?
Ich kann mich nicht allein schützen, denn ich fühl mich viel
zu unsicher.

Geräusche

Ich höre Geräusche.
Geräusche, die ich nicht hören sollte.
Sie machen mir Angst. Und ich weiß, du bist nicht da.
Ich höre deine Stimme, die mir zuflüstert und Schutz gibt. Aber
sie existiert in diesem Zeitpunkt gar nicht.
Ich höre deinen Atem, der mich wissen lässt, du bist bei mir,
obwohl du gar nicht da bist.
Ich bilde mir das nur ein.
Ich bilde mir diese Geräusche nur ein.
Und das, weil ich dich vermisse.
Du hast mich so beeinflusst und manipuliert, dass ich mir
etwas einbilde, was gar nicht existiert.

Ich höre dich, obwohl du nicht in meiner Nähe bist.

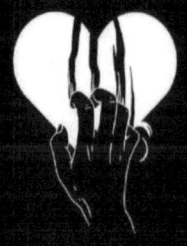

Ferne

Du bist so weit weg.
Deine Gefühle sind so weit weg.
Deine Liebe zu mir ist viel zu weit weg. Viel zu weit weg,
damit ich sie spüren kann. Und das tut weh.

Einer der schlimmsten Schmerzen ist, wenn man Menschen nur
aus der Ferne lieben kann.

Man wird gezwungen ein Kapitel zu beenden, dass man nie
beenden wollte.

Tiefpunkt

Tief in mir weiß ich, dass wir wahrscheinlich nie wieder in diesem Leben zusammenkommen werden, aber irgendetwas an dir ist so schwer, dass ich nicht loslassen kann.
Und genau das lässt mich zum Tiefpunkt kommen. Zum tiefsten Tiefpunkt.
Ich bin noch nie so tief gefallen, wie in diesem Zeitpunkt.
Du lässt mich so tief fallen.
Wegen dir weiß ich nicht, ob ich je wieder zu einem Höhepunkt in meinem Leben kommen werde... oder ob ich es überhaupt je wieder aus diesem Tiefpunkt raus schaffen werde.

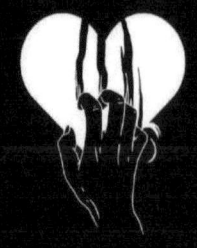

Gefahr

Du bringst nicht nur mich in Gefahr, sondern auch dich selbst!
Ist dir das bewusst?

Du spielst mit meinen, sowie mit deinen Gedanken.
Du lässt meinen, sowie deinen Gefühlen keinen Platz zum klar werden.
Wir wissen doch beide nicht, was wir denken sollen, was wir fühlen sollen, weder was wir beide überhaupt wollen. Ich will dich. Ganz klar!

Und das bringt uns beide in Gefahr!
In die Gefahr, dass wir uns immer weiter auseinanderleben, weil wir nicht wissen, was wir wollen.

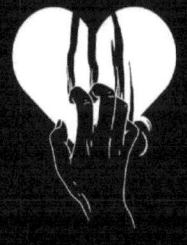

Kampf

Der schlimmste Kamp ist zwischen dem, was man denkt und dem was man weiß...
Zwischen dem, was man sich wünscht und dem was man fühlt...
Ich denke, dass alles einfach ist, wenn ich es mir so vorstelle, wie ich es gerne hätte.
Aber ich weiß, dass es anders ist und dass das, was ich fühle, mich beim Denken zerstört.
Mein Wissen zerstört meine Gedanken...
Und meine Gefühle zerstören meine Wünsche...

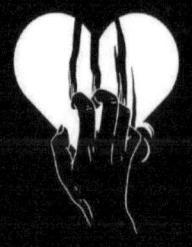

Warum ich?

Warum hast du mich ausgewählt?
Warum bin ich diejenige?
Diejenige, der du Hoffnungen machst.
Diejenige, der du deine Gefühle vorspielst.
Diejenige, die du täglich warten lässt.
Diejenige, die denkt du liebst sie.
Warum ich und nicht irgendeine andere? Warum lässt du mich
so leiden?
Ich habe so etwas nicht verdient... *dachte ich zumindest
immer...*

Himmel oder Hölle?

Der Himmel
Ein schöner Anblick.
Strahlend blau. Immer fröhlich. Es sei denn es zieht ein Sturm
auf.
Dann plötzlich erscheint die Hölle.
Es wird dunkel, laut und gefährlich.
So wie bei dir.
Wenn sich deine Launen schlagartig ändern.
Du wirst von dem schönsten, freundlichsten Menschen zu
einem dunklen, gruseligen und leider auch gefährlichen
Menschen.
Ich erkenne dich nicht wieder.
Blitzschnell verändert sich deine Laune und deine Art, wie du
zu mir bist.
Aber warum? Warum änderst du dich so schlagartig?

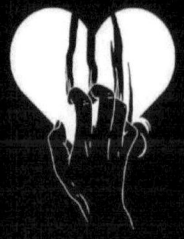

Entscheidung

Es fühlt sich so an, als müsste ich mich entscheiden.
Entscheiden zwischen morgens neben dir aufwachen oder
morgens allein aufstehen.
Entscheiden zwischen meine Freizeit mit dir zu verbringen
oder allein meinen eigenen Hobbys nachgehen zu können.
Entscheiden zwischen mit dir zusammen Essen zu kochen oder
allein mir Essen zubereiten.
Es fühlt sich so an, als müsste ich mich jetzt sofort entscheiden,
ob ich meine Zukunft mit dir verbringen möchte oder ob ich
dich gehen lassen möchte. Ich würde dich niemals gehen
lassen.
Aber eine Entscheidung kann so schwer sein.

Vor allem eine Entscheidung, die dein gesamtes zukünftiges
Leben bestimmt.

Schwer

Weißt du was so schwer zu verstehen ist?

Dass ich nach all der Zeit immer noch an dich denke.
Wir haben keinen Kontakt mehr. Aber du bist immer da.
Ich denk an dich, wenn ich aufwache.
Ich starre aus dem Fenster und frag mich, was du machst. Ich höre deine Stimme in meinen Ohren.
Ich sehe dich, obwohl du nicht in meiner Nähe bist.
Und ich wünsche mir, dass du auch noch an mich denkst. Wie kann es sein, dass ich noch so oft an dich denke, obwohl wir seit Wochen nicht mehr miteinander geredet haben?

Weil du meine erste große Liebe bist...

(Alb)Träume

Du bist der allerschönste Traum, doch zugleich lässt du mich
den allerschlimmsten Albtraum leben.
Du bist so wunderschön. In meinen Träumen alles perfekt. Ich
träume von dir.
Ich kann nicht einschlafen, wegen der Angst einen erneuten
Traum von dir zu haben.
Doch wenn ich träume, schlafe ich tief wegen dir, denn du
fesselst mich und lässt mich nicht mehr wach werden.
Mein Schlaf ist abhängig von dem, was ich träume.
Und das, was ich träume, ist abhängig von dir…
Du beeinflusst meinen Schlaf und somit ebenfalls meine
Gesundheit.
Meine mentale Gesundheit.
DU setzt meine Gesundheit aufs Spiel!

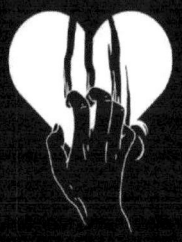

Gesundheit

Meine Gedanken werden jeden Tag mehr und lauter.
Meine Gefühle werden jeden Tag stärker.
Ich bin mental kaputt.
Du hast mich mental kaputt gemacht.
Aber nicht nur psychisch schädigst du mich, auch physisch.
Ich esse nichts mehr.
Ich gehe nicht mehr raus.
Ich bin müde, doch kann nicht schlafen.
Ich möchte dich vergessen, doch es geht einfach nicht.
Ich bin gesundheitlich am Ende wegen dir.
Ich bin gesundheitlich gefährdet wegen dir.
Du zerstörst meine Gesundheit. Weißt du das eigentlich?

Innere Stimme

Kennst du das, wenn dich deine innere Stimme einholt und dich nachts nicht schlafen lasst?
Genau, es sind deine Gedanken, die dich hellwach machen und gleichzeitig deine innere Stimme, die immer weiter macht. So lange bis du nicht mehr kannst. Deine innere Stimme verfolgt dich so lange, bis du daran kaputt gehst.
Ich kann abends nicht mehr einschlafen. Stunden später, mit Tränen in den Augen, verlässt mich meine Kraft und ich komme immerhin dazu ein paar Stunden die Augen zu schließen.
Ich kann tagsüber nicht mehr klar denken, weil meine innere Stimme immer wieder mit mir spricht. Und so sehr ich sie auch ignorieren möchte, umso mehr quält sie mich.
Sobald ich mir die Ohren zu halte, wird sie immer lauter.
Ich komme nicht mehr dazu, mich auf mein Leben zu konzentrieren, wegen meiner inneren Stimme!
Meine innere Stimme, die mich jedes Mal an dich erinnert, die über dich redet, die mir Warnungen, sowie Hoffnungen gibt.

Meine innere Stimme wird mich eines Tages umbringen...

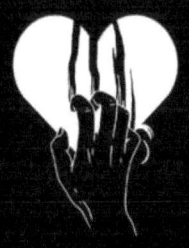

Vermisse
dich

Weißt du eigentlich, wie sehr ich dich vermisse? Kannst du es denn überhaupt wissen?

Ich vermisse deine Art, wie du zu mir warst.
Ich vermisse es, wie du mich angeschaut hast.
Ich vermisse es, wie wir uns in die Augen geschaut haben.
Jeder Augenkontakt mit dir hat in mir eine Welle ausgelöst.
Eine Welle voller Glücksgefühle. Eine Welle voller Freude.
Eine Welle voller Liebe.
Ich vermisse es, wie du die Nähe zu mir gesucht hast.
Ich vermisse den täglichen Kontakt mit dir.
Ich vermisse deinen Geruch.
Ich vermisse alles an dir.

Ich vermisse dich!

Vermisse
mich

Ich vermisse mich…
Ich vermisse, wie ich vor dir war.
Ich vermisse mein Verhalten gegenüber anderen Menschen,
bevor ich dich kennengelernt habe.
Ich vermisse meine Ehrlichkeit bevor ich anfing mich, meine
Gedanken und meine Gefühle zu belügen.
Ich vermisse mein wahres Ich, bevor es auf dich traf.
Ich vermisse meine innere Ruhe, welche jetzt durch meine
wahnsinnig laute innere Stimme ruiniert wird.
Ich vermisse mich, bevor ich dich lieben gelernt habe!
Und ich habe Angst, dass ich mich komplett verlieren könnte,
nur weil du nicht dasselbe fühlst, wie ich für dich.

Vermisse

uns

Ich vermisse uns.
Wie du zu mir warst. Wie ich bei dir sein konnte. Wie wir miteinander waren.
Ich vermisse, wie wir zusammen harmoniert haben. Wie wir uns angeschaut haben. Wie wir uns berührt haben.
Ich vermisse es zu wissen, ich sehe dich jeden Tag und wir können beisammen sein.
Ich vermisse es, mich mit dir zu unterhalten.
Ich vermisse unseren tiefen Augenkontakt und dabei das Lächeln auf deinen Lippen zu sehen und das Lächeln auf meinen Lippen zu spüren.
Ich vermisse uns zusammen so sehr und ich wünsche es mir zurück.
Ich würde alles dafür tun, damit es das UNS wieder gibt für immer und ewig.

Vermisse
die Zukunft

Ich werde die Zukunft so sehr vermissen.
Die Zukunft, die ich mir immer gewünscht habe.
Die Zukunft, von der ich immer geträumt habe.
Die Zukunft, in der ich mich sicher und geschätzt fühle.
Die Zukunft mit dir zusammen.
Denn ich habe leider keine Ahnung, was du fühlst, was du
denkst, weder was für eine Zukunft du dir wünschst.
Möchtest du auch eine Zukunft mit mir zusammen?
Möchtest du auch eine Zukunft, in der du dich wohl und
wertgeschätzt fühlen kannst?
Möchtest du auch eine Zukunft, in der du ehrlich und du selbst
sein kannst?
Möchtest du auch eine Zukunft mit der Person, die dich über
alles liebt?
Verdammt nochmal, möchtest du deine Zukunft mit mir
verbringen?!
Ich wünsche es mir so sehr.
So sehr, dass ich sterben könnte, wegen dieser riesigen
Unsicherheit, die in mir ausgelöst wird.

Ich habe Angst meine Zukunft nicht mit dir verbringen zu
können!

Ohne mich

Du würdest auch ohne mich so einfach weiterleben, *habe ich Recht?*
Dein Leben würde sich auch ohne mich weiterdrehen, *oder?*
Du kannst das. Einfach mich wegdenken und dir deine Zukunft ohne mich gestalten.
Ich kann das nicht!
Ich kann nicht ohne dich, denn wenn ich ohne dich bin, bin ich auch ohne mich. Ich vergesse mich selbst, wenn ich nicht bei dir bin.

Ich hoffe so sehr, dass du niemals ohne mich sein möchtest...
Bitte.

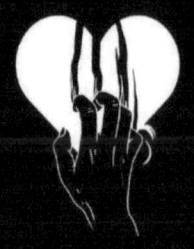

Beziehung

Eine Beziehung mit einer Person, die man über alles liebt, kann so wunderschön sein.
Es kann das Allerschönste sein. Das Gefühl, sich sicher zu fühlen. Das Gefühl, wertgeschätzt zu werden. Das Gefühl geliebt zu werden.
Aber eine Beziehung kann sich mit der Zeit auch ändern.
Leider.
Eine Beziehung kann genauso gruselig sein. Streit. Auseinandersetzungen. Stille. Meinungsverschiedenheiten.
Aber weißt du, was an Beziehungen am gruseligsten ist?
Trennungen.
Trennungen sind schmerzhaft und voller Trauer.
Aber stell dir mal vor, es liegt eine Trennung vor und einer sagt „ich habe dich eh nie geliebt"... Ich zittere bei diesem Gedanken.

Liebe

Liebe ist mehr als nur geliebt werden und sich gegenseitig zu lieben.
Liebe bedeutet sich zu vertrauen. Sich gegenseitig zu unterstützen.
Liebe bedeutet mit jemanden zusammen zu sein, den man braucht, einen Menschen, der dir deine Fehler verzeiht, deine Tränen versteht, dein Lächeln mit dir teilt und dir immer zur Seite steht.
Es müssen also immer mindestens zwei Personen sein, die sich lieben.
Eine Liebe kann nicht von einer Person ausgehen.
Doch im Moment fühlt es sich so an, als würde ich die einzige Person sein, die hier liebt.
Liebst du mich?

Hast du mich jemals geliebt?

LIEBE
Leise, Intensiv, Enttäuschend, Bitter, Erdrückend

Egal

Ist es dir so egal?
So egal, dass du mir nicht mehr so viel Aufmerksamkeit
schenkst, wie du es am Anfang getan hast?
So egal, dass du mir nicht mehr jeden Tag antwortest.
So egal, dass du mich warten lässt?
So egal, dass du dich nicht mehr daran erinnerst, wie schön es
doch war?
So egal, dass du mich vergessen möchtest?
Bin ich dir so egal?

Weißt du eigentlich, dass mich das zerstört?
Es zerstört meine Gedanken.
Es zerstört meine Gefühle.
Es zerstört mein Handeln.
Du zerstörst mich!
Du zerstörst mich in jeder Lebenslage
… und dass nur, weil du meine Warnungen ignorierst.
Du siehst mich und meine Ängste nicht… vielleicht möchtest
du es auch einfach nicht sehen.

Vielleicht ist es dir einfach egal, wie wichtig du mir eigentlich
bist…

Keine Ahnung

Du hast keine Ahnung, was in mir vorgeht.
Du weißt nicht, was ich gerade durchmache, was du mit deinen
Worten und Taten bei mir ausgelöst hast.
Du merkst nicht, wie sehr mich dieser Schmerz erdrückt, wie er
alles in mir verändert.
Du verstehst nicht, wie es mir wirklich geht, wie ich innerlich
kämpfe.

Du hast keine Ahnung, was hier gerade mit mir passiert.

Spiegel

Ich kann mich nicht mehr im Spiegel ansehen. Jeden Tag frage ich mich, was ich anders machen könnte. Wie ich besser aussehen könnte.

Soll ich abnehmen oder schönere Kurven bekommen?
Sollte ich mich schminken oder ganz ungeschminkt sein?
Vielleicht wäre es besser, enge Kleidung zu tragen oder mich in oversized zu verstecken? Wie sollte ich mich bewegen, um dir mehr zu gefallen?
Ich kann mich nicht anschauen, weil ich weiß, dass ich nicht genug bin. Nicht genug für dich.
Und irgendwie fühlt es sich an, als würde ich es nie sein…

Falsche Richtung

Du gibst mir unglaubliche Signale.
Signale, die mich im falschen Glauben lassen.
Deine Signale werden immer stärker.
Deine Blicke werden intensiver.
Deine Worte immer vertrauter.
Unser Körperkontakt wird immer enger. Immer mehr.
Du gibst mir Signale, aber warum sagst du nicht einfach, was
du möchtest?

Du lässt mich glauben, dass du dies alles nur für mich machst.
Du lässt mich glauben, dass du mich mehr als nur magst.
Du lässt mich glauben, dass ich dich für immer behalten darf.
Du lässt mich glauben, dass du für immer meine große Liebe
sein wirst. Und ich auch deine.

Deine Signale geben mir die falsche Richtung.
Ich renne immer weiter in die falsche Richtung.

In die Richtung, die mich zerstört.

Kontrolle

Du allein hast die Kontrolle über mich!
Es ist, als ob ich mich immer nach dir richte, als ob meine
Entscheidungen und Gefühle nur von dir abhängen.
Deine Worte, deine Blicke – sie bestimmen, was ich tue und
was ich fühle.
Ich weiß, dass es falsch ist, mich so beeinflussen zu lassen,
doch trotzdem fühle ich mich hilflos.
Hilflos, weil ich weiß, dass du die Kontrolle über mich hast…
und das ist nicht gut.

Spiel

Du setzt meine Gefühlswelt aufs Spiel.
Du schenkst mir Hoffnungen, lässt mich warten und
letztendlich kommt nie etwas außer eine Entschuldigung und
wieder eine neue Hoffnung.
Immer wieder eine neue Hoffnung auf die Liebe. Die Liebe mit
dir.
Es fühlt sich alles an wie ein Spiel.
Welche Art von Spiel spielst du mit mir, mit meinen Gefühlen?
Ein Glücksspiel?
Wartest du, bis du zufällig mal Glück hast und mich damit
dann so richtig verletzen kannst?
Weißt du, was das mit mir macht?
Du setzt mein Leben auf dein Spiel und hoffst, dass du Glück
hast, damit du deine Befriedigung bekommst.
Aber du siehst in diesem Spiel nicht, dass ich dabei leide.
Dieses Spiel ist für mich der absolute Horror, doch gleichzeitig
liebe ich es.
Mein Lieblingsspiel, welches mich gleichzeitig leiden lässt.
Ich liebe es, wenn du in deinem Spiel die Kontrolle über mich
übernimmst, mir die volle Aufmerksamkeit schenkst und mich
siehst.
Aber ich hasse es, wenn du in deinem Spiel nur für dich selbst
spielst, mich nicht beachtest und mich leiden lässt, nur damit
du deiner Befriedigung nachgehen kannst.

Du spielst dein Spiel mit der Liebe, welches mich als
Hauptfigur leiden lässt.

Jüngeres Ich

Wenn ich meinem jüngeren Ich einen Rat geben könnte, würde ich sagen:

Vertrau nicht allen Menschen.
Pass auf dich auf, er macht dich kaputt.
Schätze das, was du hast, irgendwann hast du das nicht mehr.
Verschwende nicht deine Zeit mit Personen, die es nicht wert sind.
Verändere dich nicht für andere. Verändere dich nur für dich selbst.
Lass sie deinen Namen wissen, aber nicht deine Geschichte.
Vergeben darfst du, vergessen darfst du nur nicht.
Bitte werde niemals emotional abhängig von einer Person.
Verliebe dich nicht.

Kümmere dich um dich selbst und sei als erstes nur für dich da!

Und plötzlich ist alles anders.
Es verändert sich alles.
Du veränderst dich. Ich verändere mich.
Wir verändern uns. Ich weiß gar nicht, ob es überhaupt noch
ein „Wir gibt"?
Die Situationen ändern sich. Die Gegebenheiten ändern sich.
Die Liebe ändert sich…

Die Wahrheit

Die Wahrheit ist schwer, kann aber auch so leicht werden.
Die Wahrheit tut weh, kann aber auch befreiend wirken.
Die Wahrheit kann Wunden aufreißen oder Wunden heilen.

Ich habe dir die Wahrheit gesagt…
Und ich dachte ich fühle mich jetzt erleichtert, dabei fühle ich
mich nur noch schwerer.
So schwer wie noch nie.
Ich fühle mich so schwer voller Schmerz wie nie zuvor.

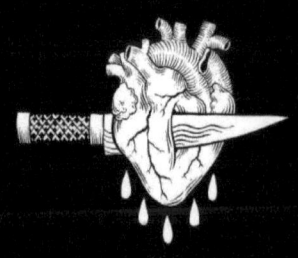

Alles raus

Und nun ist es raus… Es ist alles raus.
Ich habe dir alles gesagt.
Alles, was ich dir sagen wollte.
Alles, was ich seit Wochen mit mir rumtrage.
Alles, was mich belastet.
Alles, was mein Leben in letzter Zeit beeinflusst.
Alles, was mich so leiden lässt.
Alles, was mich bedrückt.
Alles, was ich für dich empfinde. Was ich für dich fühle.

Du weißt jetzt alles, was du wissen solltest.
Du weißt jetzt, warum ich so sehr an dir hänge.
Du weißt jetzt, dass ich Gefühle für dich habe.
Du weißt jetzt, dass ich dich liebe.
Du weißt die Wahrheit!

Es ist alles raus, du weißt jetzt alles und du reagierst, als wäre
es dir egal, wie es mir damit geht. Habe ich Recht?
Du weißt, dass ich dich liebe, und du sagst nichts dazu.
Wenn es dir egal ist, wie es mir die letzten Wochen ergangen ist
und vor allem wie es mir jetzt geht, warum lässt du mich dann
nicht einfach in Ruhe?

Wenn deine Gefühle nicht erwidern können, was meine fühlen,
warum verdammt hast du mir dann so viele Hoffnungen
gemacht?!

Alles aber nichts

Seitdem ich dich kenne, ist alles passiert.

Alles, was mich für dich fühlen lassen hat.
Alles, was meine Gedanken an dich beeinflusst hat.
Alles, was mich in meinem Alltag eingeschränkt hat.
Alles, was mich fertig gemacht hat.

Es ist nichts passiert, was ich mir je gewünscht habe.

Nichts, was ich mir immer vorgestellt habe.
Nichts, wie ich mir meine Zukunft vorgestellt habe.

Es ist alles passiert, aber nichts von dem, was ich wollte...

Leere Hoffnungen

Du hast mir die Hoffnung gegeben, dass du mein Leben lang
bei mir bleibst.
Du bleibst nicht, oder?

Du hast mir die Hoffnung gegeben, dass du genauso fühlst für
mich, wie ich für dich.
Du fühlst nichts für mich, oder?

Du hast mir die Hoffnung gegeben, dass du mich liebst, wie ich
dich.
Du liebst mich nicht, oder?

Ich hatte Hoffnungen, die nie erfüllt wurden und es wohl auch
nie sein werden.
Alle in Luft aufgelöst.

Deine ganzen Hoffnungen sind leer.

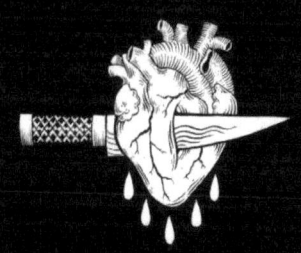

Ich glaube dir das nicht

Ich glaube dir das nicht…
Ich glaube dir nicht, dass du keine Gefühle für mich hast.
Ich glaube dir nicht, dass du das, was ich für dich fühle, nicht
erwidern kannst.

Wie du mich angeschaut hast. Deine Blicke. Dein Lächeln.
Wie du zu mir gekommen bist, um mir etwas zu sagen.
Wie du mich berührt hast. Dein Körperkontakt zu mir. Dein
Festhalten an mir.
Wie du mit mir sprichst. Deine Stimme. Deine Worte.

Du kannst mir nicht sagen, dass du niemals etwas für mich
empfunden hast!

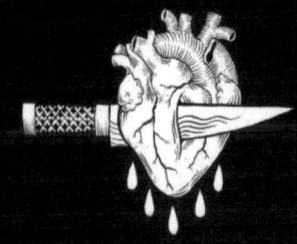

Verschwinden

Ob meine Gefühle für dich jemals wieder verschwinden werden? Ich denke nicht.
Meine Gefühle sind viel zu stark. Viel zu stark, um ihnen zu entkommen. Viel zu stark, um sie loszulassen.
Meine Gefühle haben sich so schnell entwickelt, dass sie sich nicht mehr von mir verabschieden wollen.
Ich kann mich nicht von meinen Gefühlen für dich verabschieden…

Ob meine Gedanken über dich jemals wieder verschwinden werden? Vielleicht.
Meine Gedanken werden zurzeit jeden Tag stärker, denn ich weiß einfach nicht mehr weiter... gleichzeitig glaube ich, dass diese Gedanken irgendwann blasser werden.
Aber möchte ich das? Kann ich das? Werde ich das überleben?
Werde ich es überstehen, wenn sich meine Gedanken nicht mehr an dich erinnern können?

Ob meine Hoffnungen auf die Zukunft, die ich mir immer gewünscht habe, jemals wieder verschwinden werden? Nein.
Ich werde jedes Mal an die Zukunft denken. An die Zukunft mit dir. Die Zukunft, die ich mir immer gewünscht habe. Die Zukunft, die für immer mein Traum bleiben wird.
Ich werde für immer Hoffnungen haben. Hoffnungen auf die Zukunft, die mein Leben immer beeinflussen werden, denn ich werde jedes Mal in der Zukunft an dich denken müssen.
Und deswegen hoffe ich so sehr, dass ich diese Zukunft mit dir verbringen darf.

Ob der Gedanke, dass du meine große Liebe bist, jemals verschwinden wird? Niemals.
Für immer wirst du meine erste große Liebe sein.
Daran wird sich auch nie etwas ändern, was auch immer sich ändern wird.

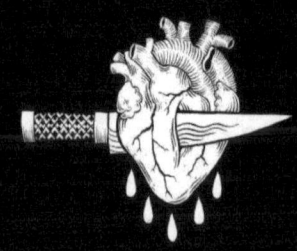

Meine Liebe

„Please bring me my love! "

Nur wenn ich an dich denke, werde ich nervös.
Jemand sagt deinen Namen? Bei mir kommen alle
Erinnerungen hoch. Alles auf einmal holt mich ein. Ich kann
mich nicht konzentrieren.
Ich brauche meine Liebe. Ich brauche dich.

Verdammt, was machst du nur mit mir?

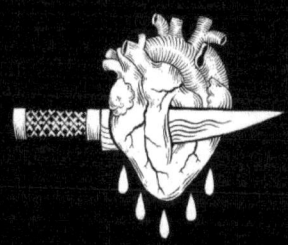

Die Uhr tickt

Die Uhr tickt, die Zeit verrinnt, und ich kann nichts tun, um sie
aufzuhalten. Jede Sekunde fließt weiter, unaufhaltsam,
während ich verzweifelt versuche, mit ihr Schritt zu halten.
Ich renne, immer schneller, als würde ich glauben, ich könnte
sie noch einholen. Doch tief in mir weiß ich, dass es vergeblich
ist.
Die Zeit ist gnadenlos – sie entgleitet mir immer weiter, und
egal wie sehr ich mich anstrenge, ich werde sie nie einholen.
Es fühlt sich an, als würde ich in einem endlosen Rennen
laufen, in dem das Ziel immer weiter entfernt ist.

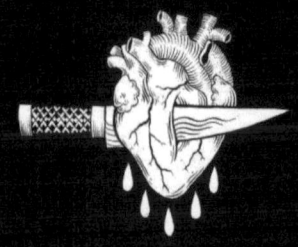

Zeit

„Ich brauche Zeit. Zeit, um zu heilen."

Diese Worte sind mein Versuch, mir selbst den Raum zu geben,
den ich jetzt brauche.
Heilung geschieht nicht sofort, und ich muss mir erlauben,
langsam wieder zu mir selbst zu finden.
Es ist okay, nicht immer stark zu sein. Ich brauche diese Zeit,
um den Schmerz zu verstehen, loszulassen und mich neu
aufzubauen.
Langsam lerne ich, auf mich selbst zu hören und mich selbst zu
stärken.

Gibst du mir diese Zeit?

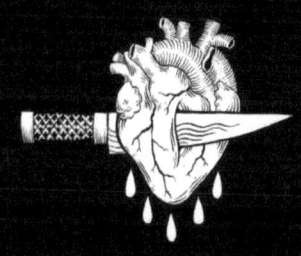

Real

Ist das hier gerade alles die Wirklichkeit?
Denn ich kann nichts von dem, was hier gerade abgeht,
realisieren.
Ich bin zurzeit in mir selbst so verloren, dass ich nicht mehr
weiß, was hier gerade passiert.
Ist es ein (Alb)Traum oder die Realität?
Erlebe ich das hier gerade wirklich? Es fühlt sich so surreal an.
Nichts von dem, was ich zurzeit erlebe, fühlt sich real an.

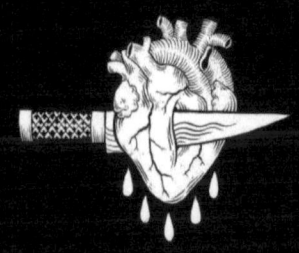

Ausziehen

Du ziehst mich aus. Du nimmst mir alles.
Du nimmst mir die ganze Kraft, welche ich mir über die Jahre
hinweg erkämpft habe.
Du nimmst mir meine Gefühle. Du besitzt meine Gedanken.
Du hast mir meine Jacke der Sicherheit und meinem Mantel
des Vertrauens ausgezogen.
Ich fühle mich leer. Ich fühle mich kalt.
Du nimmst mir meine Wärme…
Die Wärme, die mir meine Mütze gegeben, die mir gleichzeitig
gezeigt hat, dass ich nichts Falsches denken darf.
Ich habe ein Kratzen im Hals. Mein Hals schmerzt, weil du mir
meinen Schal genommen hast. Meinen Schal, der mich warnt,
etwas Falsches auszusprechen.
Du hast mir meine Handschuhe genommen. Meine
Handschuhe, die mich warnten, nichts gegenüber dir zu fühlen.
Meine Handschuhe, die meine Gefühle schützten.
Du hast mir meine Schuhe genommen.
Meine Schuhe, die mir den Weg zeigten und mich gewarnt
haben, dir nicht hinterherzurennen.
Du hast mir meine Hose ausgezogen. Meine Hose, die mich
schützte vor dem was mit mir passieren wird.
Du hast mir meine komplette Kleidung genommen. Meine
Kleidung, die du nicht siehst. Die niemand sieht, außer ich.
Aber du. Du hast mir alles genommen.

Weißt du, was das mit mir gemacht hast?

Ich fühle mich verdammt nackig. So nackig, dass ich jederzeit erfrieren werde, wenn ein Windstoß kommt.
Ein Windstoß, den du verursachst.

Du ziehst mich aus und es ist nur eine Frage der Zeit, bis ich komplett entblößt bin und keine Chance mehr habe, mich vor dem Erfrieren zu schützen…

Und ich frage mich, was machst du mit meiner Kleidung jetzt? Was machst du mit meiner Sicherheit, meinen Gedanken, meinen Gefühlen, den ganzen Warnungen, die mich nur schützen wollten?

Wirst du mir dies alles eines Tages zurückgeben?

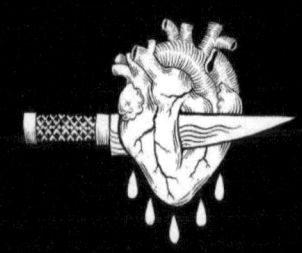

Ich verdiene mehr

Ich habe lange geglaubt, dass ich mich nur ein bisschen mehr anstrengen muss, um geliebt zu werden.
Dass, wenn ich nur geduldig genug bin, wenn ich verständnisvoll genug bin, wenn ich genug gebe, irgendwann etwas zurückkommt.
Ich habe Ausreden gefunden für dein Schweigen. Für dein Hin und Her. Für das Gefühl, nie ganz angekommen zu sein.
Ich habe gedacht, das liegt an mir. An meiner Sensibilität. An meinem Herz, das immer zu viel fühlt.

Aber irgendwann ganz still und leise kam dieser Gedanke: **Ich verdiene mehr.**
Nicht als Trotz, nicht aus Wut. Sondern als Erkenntnis.
Ich verdiene jemanden, der mich nicht nur dann liebt, wenn es ihm passt.
Jemanden, der bleibt, ohne dass ich darum kämpfen muss.

Ich habe genug damit verbracht, mich klein zu machen für Menschen, die mich nicht wirklich gesehen haben.
Ich will mehr – und zum ersten Mal in meinem Leben habe ich das Gefühl, dass das okay ist.
Dass ich das darf.

Und auch wenn es weh tut, loszulassen, tut es noch mehr weh, zu bleiben, wo ich nicht wachsen kann.

Ich verdiene mehr. Und ich werde nicht mehr so tun, als wüsste ich das nicht.

Ich liebe...
...und das so stark, wie nie zuvor.

Aber leider hat mich der falsche
Zeitpunkt erwischt...

Abschied an meine erste große Liebe

Du warst mein erstes echtes Gefühl von „Zuhause".
Mit dir habe ich gelernt, was Liebe bedeuten kann – mit all
ihrer Wärme, ihrem Chaos, ihrer Tiefe. Wir haben uns gesucht,
gefunden und manchmal verloren. Und auch wenn es am Ende
nicht gereicht hat, werde ich nie vergessen, was wir beide
erlebt haben.

Du wirst für immer ein Teil meiner Geschichte bleiben. Nicht
als Fehler, nicht als Bedauern – sondern als Erinnerung an ein
Herz, das zum ersten Mal wirklich schlug.

Danke für alles, was du mir gegeben hast. Ich lasse dich los –
mit Liebe, nicht mit Wut.

Leb wohl, meine erste große Liebe.

Kleiner Reminder an die Person, die das hier liest:

Nicht jede Liebe, die sich intensiv anfühlt, ist auch die richtige.
Manchmal trifft man jemanden zur falschen Zeit und
manchmal ist es nicht nur das Timing, sondern auch die
Person, die nicht ganz passt.
Vielleicht, weil sie noch nicht weiß, was sie will. Vielleicht,
weil sie dich nur halb liebt, aber so tut, als wäre es ganz. Oder
weil sie dich nur dann sucht, wenn sie sich selbst verliert.

Und du? Du hast geglaubt, dass es an der Zeit liegt. Dass es nur
das Timing ist, das euch im Weg steht.
Aber vielleicht war es auch einfach jemand, der dich nicht so
lieben konnte, wie du es verdienst.

Es tut weh, das zuzugeben. Denn es ist einfacher, sich an der
Hoffnung festzuhalten, dass es „irgendwann" passt, als sich
einzugestehen, dass es nie ganz richtig war.
Doch wahre Liebe braucht keinen perfekten Moment - sie
erkennt dich auch im Chaos.
Wenn jemand dich wirklich sieht, wird er dich nicht verlieren
wollen. Nicht wegen Zeit. Nicht wegen Angst. Nicht wegen
sich selbst.

Erinnere dich:
Nur weil es sich stark angefühlt hat, heißt das nicht, dass es gut
für dich war.
Manche Lektionen kommen als Menschen. Und manche
Menschen lieben dich nur gerade so viel, dass es dich hoffen
lässt, aber nie genug, um wirklich zu bleiben.

Nachwort

Liebe zur falschen Zeit – oder vielleicht einfach nur eine Liebe, die sich nicht richtig entfalten konnte.
Dieses Kapitel ist kein Urteil, sondern ein ehrliches Eingeständnis: Nicht alles, was sich wie Schicksal anfühlt, ist für immer gedacht. Manchmal trifft man jemanden, der einem zeigt, wie tief man fühlen kann, ohne dass es am Ende, das ist, was bleibt.

Vielleicht war es jemand, der kam, als du dachtest, du wärst bereit.
Jemand, der dich berührte, aber nicht festhalten konnte.

Und vielleicht hast du dich selbst in dieser Liebe ein Stück verloren, um irgendwann etwas Wichtigeres zu finden: dich.

Denn auch wenn es weh tut, loszulassen, liegt darin oft der erste Schritt zur Heilung. Du musst nicht länger auf ein „vielleicht irgendwann" hoffen, wenn dein Herz ein „ich verdiene mehr" flüstert.

Du darfst dich neu entscheiden. Für Menschen, die bleiben.
Für Worte, die nicht nur versprechen, sondern tragen.
Für eine Liebe, die nicht nur zur richtigen Zeit kommt – sondern auch richtig für dich ist.

Und bis dahin?
Sei stolz auf das, was du gefühlt hast.
Und noch stolzer auf das, was du losgelassen hast.
Sei stolz auf dich.
Sei stolz darauf, dass du geliebt hast, auch wenn es nicht für immer war. Sei stolz darauf, dass du die Stärke hattest, dich selbst zu schützen, selbst wenn es weh tat. Du bist gewachsen, und jede Erfahrung hat dich näher zu dem gebracht, was wirklich für dich bestimmt ist.

Du bist auf dem richtigen Weg – auch wenn der Weg nicht immer einfach ist.
Sei stolz auf dich, denn du bist der wichtigste Teil deiner Reise.

Deine Kimi

Danksagung

An den Glauben,
Der, den ich zur falschen Zeit geliebt habe, aber der mir in all
der Unsicherheit und dem Schmerz die nötige Stärke gab.
Du warst der, der mich in Momenten der Verwirrung gehalten
hat, auch wenn ich nicht wusste, ob du wirklich bei mir warst
oder ich dich nur in meinen Träumen suchte. Du hast mich
herausgefordert, mich zu öffnen, zu lieben, und gleichzeitig
loszulassen, was ich festhalten wollte.
Vielleicht warst du nie wirklich für mich bestimmt, aber du
hast mich gelehrt, was wahre Liebe ist – auch wenn es nur der
Anfang war.
Ich danke dir für die Lektionen, die du mir gegeben hast, auch
wenn sie schmerzhaft waren.
Du hast mir gezeigt, dass Liebe nicht immer das ist, was wir
erwarten, und dass wir oft erst dann verstehen, warum etwas
nicht funktioniert, wenn wir es loslassen.
Ich werde immer an dich glauben – auf meine eigene Weise, zu
meinem eigenen Zeitpunkt.

An meine Eltern,
für eure unermüdliche Liebe und Geduld. Ihr habt mir gezeigt,
was wahre Unterstützung bedeutet – in meinen besten und
meinen schlimmsten Momenten. Danke, dass ihr immer an
mich geglaubt habt, selbst wenn ich an mir selbst zweifelte.
Ohne euch wäre dieses Buch nicht möglich gewesen.

An meine Freunde,
für eure ständige Unterstützung, eure ehrlichen Worte und
euren Glauben an mich, auch wenn ich selbst an mir zweifelte.
Ihr habt mir geholfen, die schwierigen Momente durchzustehen
und die schönen zu feiern. Ohne euch wäre dieses Buch
emotional nicht möglich gewesen. Danke, dass ihr immer da
seid.

Und das größte Dankeschön geht an dich, mein Leser,
danke, dass du dich auf diese Reise eingelassen hast. Die Zeit
und Aufmerksamkeit sind das größte Geschenk, das ein Autor
bekommen kann. Ohne dich hätte diese Geschichte keinen
Sinn. Ich hoffe, dass du etwas für dich in diesen Seiten
gefunden hast – sei es Trost, Erkenntnis oder einfach ein
bisschen Hoffnung.

Dein Interesse bedeutet mir mehr, als Worte je ausdrücken
können.

© 2025

Kimberly Witt

Verlag: BoD · Books on Demand GmbH,
Überseering 33, 22297 Hamburg, bod@bod.de
Druck: Libri Plureos GmbH, Friedensallee 273,
22763 Hamburg

ISBN: 978-3-8192-4556-5

.